Marco von Münchhausen
Innere Stabilität

MARCO VON MÜNCHHAUSEN

Innere Stabilität

Was uns im bewegten Alltag Halt gibt

Bibliografische Information der Deutschen Nationalbibliothek

Die Deutsche Nationalbibliothek verzeichnet diese Publikation
in der Deutschen Nationalbibliografie; detaillierte bibliografische Daten
sind im Internet über http://dnb.d-nb.de abrufbar.

ISBN 978-3-86936-801-6

Redaktionelle Mitarbeit: Ingo P. Püschel
Lektorat: Dr. Michael Madel, Ruppichteroth
Umschlaggestaltung: Stephanie Böhme, Strategische Konzeption und Design, Neuwied
Titelfotos: Seiltänzer: Uncle Leo / shutterstock.com;
    Hochhäuser: naConCreate / shutterstock.com
Autorenfoto: Sascha Hüttenhain
Satz und Layout: Das Herstellungsbüro, Hamburg | www.buch-herstellungsbuero.de
Druck und Bindung: Salzland Druck, Staßfurt

Copyright © 2017 GABAL Verlag GmbH, Offenbach

Printed in Germany

www.gabal-verlag.de
www.twitter.com/gabalbuecher
www.facebook.com/Gabalbuecher

Inhalt

Einleitung: Faktoren innerer Stabilität 7

Teil 1: Lebensbalance 11
    Lebensbereiche ausbalancieren 11
    Berufliche Faktoren 25
    Familie und soziale Kontakte 46
    Gesundheit und Fitness 68
    Sinn und Kultur 78

Teil 2: Stressmanagement & Burn-out-Prävention 90
    Brennen, ohne auszubrennen 90
    Hilfreiche Anti-Stress-Strategien 94
    Anti-Stress-Strategien für Fortgeschrittene 98

Teil 3: Resilienz 106
    Die Stehaufmännchenqualität 107
    Die entscheidenden Resilienzfaktoren 109
    Resilient in der Krise – stabilisierendes Krisenmanagement 117
    Proaktive Resilienzförderung 128

Teil 4: Zehn optimale Stabilisatoren 136
    Stabilisator 1: Entspannung 136
    Stabilisator 2: Meditation 143
    Stabilisator 3: Bewegung 149
    Stabilisator 4: Musik 155
    Stabilisator 5: Natur 161
    Stabilisator 6: Lachen und Humor 165
    Stabilisator 7: Perspektivenwechsel und Dankbarkeit 171

Stabilisator 8: Entschleunigung 177

Stabilisator 9: Konzentration und Achtsamkeit 180

Stabilisator 10: Aufräumen und Ordnung schaffen 186

Teil 5: Umsetzung im Alltag 193

Richtig planen 193

Richtig angehen 199

77 beste Tipps für Ihre innere Stabilität 206

Literaturverzeichnis 211

Stichwortverzeichnis 213

Der Autor 216

Einleitung: Faktoren innerer Stabilität

Als ich vor einiger Zeit einer Bekannten von meiner neuen Buchidee erzählte, fragte sie spontan:»Wieso denn Stabilität, geht es heute nicht viel mehr um Flexibilität?« Ob sich das denn für sie ausschließen würde, fragte ich zurück. Nun, meinte sie, eine Eiche sei stabil, ein Bambus dagegen flexibel. Wenn ein starker Sturm komme, könne er die Eiche entwurzeln, der Bambus dagegen werde allenfalls zu Boden gedrückt, hinterher richte er sich wieder auf. – In diesem Sinne gab ich ihr recht. Dann gehe es eben um die »Bambusqualität«, allerdings, so betonte ich, bleibe der Baum nun gerade aufgrund seiner Flexibilität stabil und werde nicht entwurzelt. Es geht mir in diesem Buch also um die *flexible innere Stabilität.*

Welche Faktoren sind bei einem Menschen im 21. Jahrhundert entscheidend, um zu einer flexiblen inneren Stabilität zu gelangen? Meines Erachtens hauptsächlich vier:

- die Fähigkeit, sein Leben in Balance zu halten, neudeutsch: für seine *Work-Life-Balance* zu sorgen,
- den ständigen *Stress im Alltag* zu *meistern* und sich vor Burn-out zu schützen,
- eine gute *Resilienz*, die sogenannte Stehaufmännchenqualität, *aufzubauen*, um Krisenzeiten durchzustehen und sogar gestärkt daraus hervor- und weiterzugehen,
- und schließlich die Fähigkeit, sich im Alltag *immer wieder zu stabilisieren und innerlich aufzutanken.*

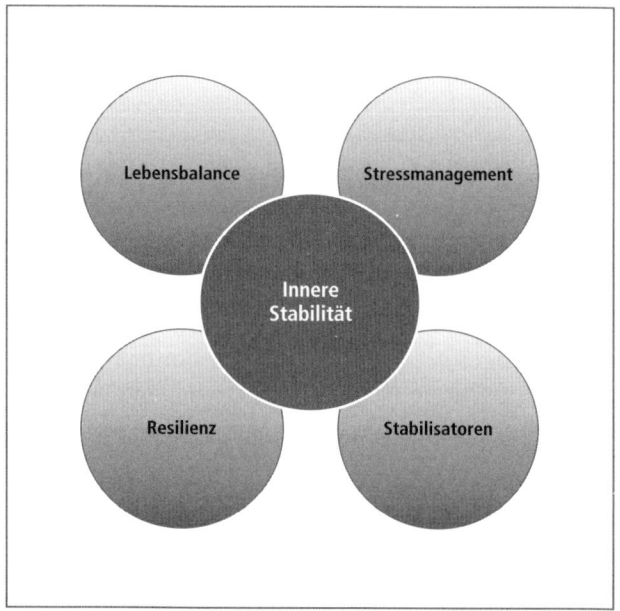

In Anlehnung an die vier Faktoren der inneren Stabilität ist das Buch *modulhaft* aufgebaut, das heißt, Sie müssen es nicht notwendigerweise von vorne nach hinten durchlesen, sondern können zuerst die Themen angehen, die Ihre persönliche Situation am meisten betreffen. Betrachten Sie es gerne wie *eine Art psychologisches Büfett* mit verschiedensten Tools und Tipps, die alle geeignet sind, einem Menschen zu einer besseren inneren Stabilität zu verhelfen. Doch genauso wenig, wie Sie bei einem Büfett alles abräumen, was der Gastgeber aufgetischt hat, müssen Sie hier alles annehmen und umsetzen, was geschrieben steht. Im Gegenteil: Jeder Mensch ist anders »gestrickt«, hat eine andere Veranlagung, andere Werte und Ziele, auch andere Stärken und Schwächen. Was für den einen hilfreich ist, mag für den anderen möglicherweise nicht passen. Es gibt eben keine Patentrezepte für richtiges Leben, denn wir sind, bildlich gesprochen, einem Puzzlestein-Menschen vergleichbar.

Nehmen Sie daher nur solche Tipps und Empfehlungen an und mit, die bei und zu Ihnen wie ein Puzzlestein passen. Bei vielen Ratgeberbüchern lautet nach der Lektüre das Fazit: »Viele neue Erkenntnisse ... und alles bleibt beim Alten!« Nutzen Sie daher lieber nur wenige Ratschläge, die Sie dann auch wirklich umsetzen.

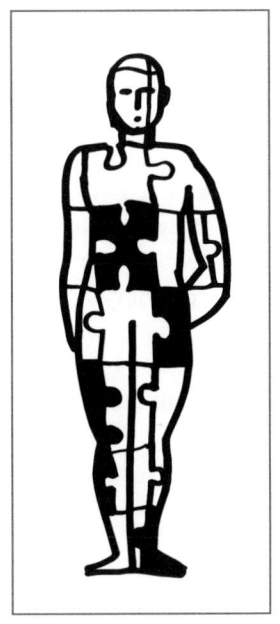

Woher die Zeit nehmen?

Womöglich fragen Sie sich: Woher die Zeit nehmen, dieses Buch zu lesen? Die meisten Menschen, die etwas für ihre innere Stabilität und Lebensbalance tun wollen oder merken, dass sie dringend etwas dafür tun sollten, stehen sowieso schon unter erhöhtem Druck und leiden unter Zeitmangel. Allzu naheliegend erscheint der dann auftauchende Einwand: »Und jetzt auch noch ein Buch lesen? Das ist doch eine weitere Mehrbelastung. Woher soll ich denn dafür noch die Zeit finden?« Das ist auf den ersten Blick mehr als verständlich und leider wohl auch einer der häufigsten Gründe, warum viele Bücher nicht gelesen werden, obwohl sie in der persönlichen Situation eine Bereicherung wären – sei diese nun literarischer oder pragmatisch-innovativer Natur.

Doch es gibt eine einfache Möglichkeit, wie Sie das Buch neben Ihrem normalen, vielleicht schon »randvollen« Alltagsleben lesen und für sich persönlich nutzbringend umsetzen können, ohne eine wahrnehmbare Mehrbelastung zu erzeugen! Sie brauchen zunächst nur folgende Rechnung aufzustellen: Wenn Sie sich für das Buch mit seinen gut 200 Seiten einen Monat Zeit lassen, dann müssen Sie pro Tag nur maximal sieben Seiten lesen. Da etliche Tabellen und Grafiken vorkommen, reduziert sich das Lesepensum auf ca. fünf Seiten, die je nach Lesegeschwindigkeit in fünfzehn bis zwanzig Minuten zu schaffen sind.

Doch es kann genauso gut ausreichen, das Buch in zwei Monaten zu lesen. Das wären nur noch knapp drei reine Leseseiten pro Tag, also etwa um die zehn Minuten, und die finden sich in den sogenannten »Leerlaufzeiten« fast immer, wie zum Beispiel in der Bahn oder bei unerwarteten Wartezeiten.

Noch besser wäre es, Sie könnten sich für Ihre innere Stabilität eine *Auszeit* von drei bis – und das wäre optimal – sieben Tagen gönnen. Einen Urlaub für sich selbst – allerdings ohne Entertainment oder sonstige Ablenkungen. Also Zeit für sich:

■ in der Natur,
■ in einem Kloster oder
■ in einem Wellnesshotel.

Am besten allein oder mit einer vertrauten Person, die Ihnen genügend Raum lässt, um sich mit sich und Ihrem Leben beschäftigen zu können. Oft sehr hilfreich sind dabei eine neue Umgebung und der räumliche Abstand zu Ihrem gewohnten Lebensort. Das hilft, vieles aus der Distanz zu betrachten, klarer zu sehen und neue Lösungsansätze zu finden. Versuchen Sie es; die Chancen, bereichernde Impulse für ein Leben in Balance zu bekommen, sind groß!

Auf welchem Weg auch immer Sie nun dieses Buch lesen, ich wünsche Ihnen nicht nur, dass Sie darin etliche nützliche Tipps finden, sondern vor allem, dass es Ihnen hilft, innerlich stabiler zu werden und damit erfolgreicher und erfüllter zu leben!

Ihr
Marco von Münchhausen

Teil 1: Lebensbalance

Innere Stabilität erfordert Lebensbalance. Wie ein kleines Kind beim Laufenlernen die Balance finden muss, so ist für uns Erwachsene die Balance zwischen Berufs- und Privatleben erforderlich, um Glück und Erfüllung zu erfahren und die Grundlage für Resilienz und Stabilität zu schaffen.

Lebensbereiche ausbalancieren

»Arbeit ist das halbe Leben«, das gaben schon unsere Eltern und Großeltern gelegentlich zum Besten. Arbeit – das war für sie zumeist eine verdrießliche Plackerei zum Broterwerb, wenngleich in der Kalenderblattweisheit nicht selten ein gewisser Stolz mitklang. Immerhin: das halbe Leben.

Vorbei, könnte man denken. Und zwar in zweierlei Hinsicht. Einerseits sind wir schon längst in der Freizeitgesellschaft angekommen. Die Arbeitszeiten sind deutlich kürzer geworden, die Urlaube länger. Statistisch betrachtet erfreuen wir uns eines längeren Lebens bei besserer Gesundheit, und wir können, da wir dank Auto, Bahn und Flugzeug sehr viel mobiler geworden sind, die Segnungen der Freizeit richtig genießen.

Andererseits: Der Arbeitsdruck ist in den vergangenen Jahren zum Teil enorm gewachsen. Die Anforderungen steigen, zudem haben sich die Strukturen unserer Arbeitswelt nachhaltig verändert: Berufe, die wir nach unserer Ausbildung ein ganzes Leben ausüben können, werden immer seltener. Die klare Trennung zwischen Arbeits- und Privatleben verschwimmt immer mehr. Moderne Kommunikationsformen führen zu ständiger Erreichbarkeit und zu der realen oder doch zumindest gefühlten Notwendigkeit, stets auf »stand by« zu sein. Irgendwo auf der Welt arbeitet schließlich immer jemand, dem sofort geantwortet werden muss. So mögen wir zwar auf dem Papier mehr Freizeit haben, wir füllen sie aber häufig doch wieder mit Arbeit.

»Wo ist nur diese Woche geblieben?« Ein Spruch, der uns allen bekannt vorkommen dürfte. Freunde getroffen? Fehlanzeige, keine Zeit! Im Theater gewesen, im Rockkonzert? Auch nicht, dazu fühle ich mich abends einfach zu müde und schlapp, es langt bestenfalls noch für zwei Stunden vor dem Fernsehgerät. Mit der Tochter über die Schule und den neuen Freund gesprochen? Oder endlich wieder einmal eine Runde durch den Wald gelaufen oder ein paar Bahnen geschwommen? Auch nicht, keine Zeit, ich habe es mir aber fest für die nächste Woche vorgenommen. Ein typischer Vorsatz. Zum Leben im Augenblick fehlen uns jedoch Zeit und Muße. Und so verschieben wir das, was wir durchaus als angenehm, erstrebenswert und notwendig erachten, auf später, in die Zukunft. Und die ist, was für eine Zukunft nun einmal kennzeichnend ist: ungewiss!

Das Balance-Modell nach Nossrat Peseschkian

Was aber tun? Raus aus der Arbeit und mit einer Kiste voller Bücher auf eine ruhige und sonnige Insel reisen? Einmal abgesehen davon, dass den meisten dieser Weg versperrt sein dürfte, weil Arbeit nach wie vor der Einkommenssicherung dient (und im Übrigen oft sehr spannend sein kann): Die unbegrenzte Freizeit wäre am Ende vermutlich ebenso monoton und langweilig wie ein eintöniger Job. Es kommt also vielmehr darauf an, einen Ausgleich zu finden, beispielsweise dem Stress der Arbeit die Entspannung der Freizeit und des privaten Lebens entgegenzusetzen. Anders ausgedrückt:

!
● Um zu innerer Stärke und zu Zufriedenheit zu gelangen, gilt es,
das Leben ins Gleichgewicht zu bringen.

Doch »Work-Life-Balance« ist weit mehr als nur der stimmige und
zeitliche Ab- und Ausgleich zwischen beruflichem und privatem
Leben. Die Frage ist: Welche Lebensbereiche gehören dazu und auf
welche Weise können wir in unserem Alltag Balance herstellen?
Das wohl hilfreichste Grundmodell hierzu hat der iranische Arzt
Nossrat Peseschkian entwickelt, der sich in seinen Forschungen in
sechzehn verschiedenen Kulturkreisen intensiv mit der Frage beschäftigt hat, welche Bereiche im menschlichen Leben wichtig sind,
um Glück und Zufriedenheit zu finden und ein erfülltes Leben zu
führen. Das Ergebnis seiner Untersuchungen sind vier Bereiche, die
den persönlichen Lebenserfolg der Menschen tragen und prägen:

1. Beruf
2. Gesundheit und Fitness
3. Familie und soziale Kontakte
4. Sinn und Kultur

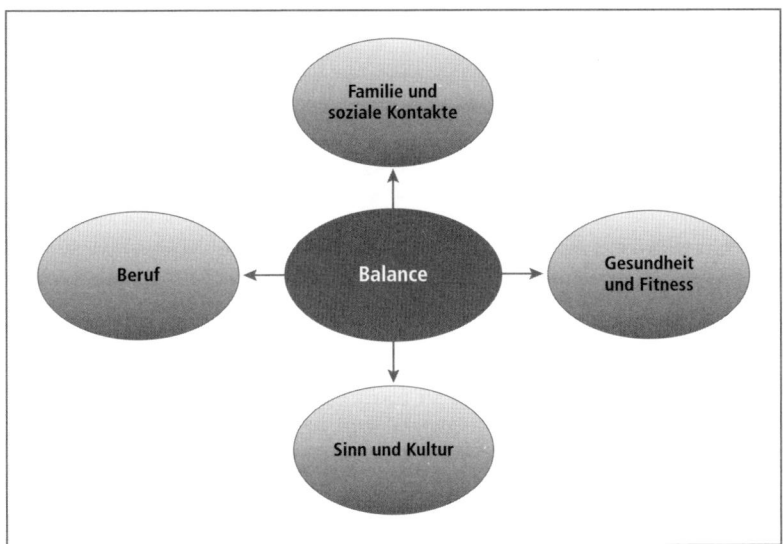

Natürlich wird jeder Mensch die Inhalte dieser vier Lebensbereiche ganz individuell definieren. Da mag beispielsweise der Cellist in einem Orchester einen ganz anderen Zugang zu Sinn und Kultur finden als der »Abteilungsleiter Einkauf« in einem Warenhaus, und der Experte für Geldanlagen einer Großbank dürfte andere Prioritäten bei Finanzgeschäften und der Lebens- und Altersvorsorge haben als der beamtete Bauamtsleiter einer kommunalen Verwaltung. Aber ganz allgemein betrachtet werden vermutlich alle um die elementaren Inhalte der vier genannten Lebensbereiche ringen, die ihnen eine ausgewogene Balance verschaffen:

Beruf	Familie & soziale Kontakte
• Arbeit und Leistung • Erfolg und Karriere • Fachliche Weiterbildung • Vermögen und Wohlstand	• Ehe- oder Lebenspartner • Kinder und Familie • Freunde und Bekannte • Soziales und politisches Engagement
Gesundheit & Fitness	**Sinn & Kultur**
• Ärztliche Vorsorgemaßnahmen • Gesunde Ernährung • Sport und Bewegung • Erholung und Entspannung	• Lebenssinn und Werte • Selbstverwirklichung • Religion und Philosophie • Geistiges Wachstum

Was heißt eigentlich »Balance«?

Wir sollten uns immer wieder vor Augen führen, dass Balance nicht »Gleichgewicht« im Sinne einer absoluten Ausgeglichenheit bedeutet, sondern vielmehr eine *verhältnismäßige Ausgewogenheit* der verschiedenen Lebensbereiche. Sie ist auch keine statische, sondern eine *dynamische* Größe. Und sie ist vor allen Dingen kein Muss, sondern eine lebensbereichernde *Möglichkeit*.

Es wäre ein Missverständnis, zu glauben, man müsse – oder könne – in alle vier Lebensbereiche gleich viel Zeit investieren – also täglich (abzüglich der acht Stunden Schlaf) etwa jeweils vier Stunden. Das

Balance ist eine verhältnismäßige Ausgewogenheit und dynamisch.

scheitert schon daran, dass die wenigsten Menschen ihr berufliches Pensum in vier Stunden bewältigen können. Es geht also nicht um eine quantitativ gewichtete Balance, sondern um eine qualitative, um eine *verhältnismäßige Ausgeglichenheit*. So kann es durchaus genügen, im Durchschnitt pro Tag dreißig bis fünfundvierzig Minuten in Gesundheit und Fitness zu investieren, weitere dreißig bis fünfundvierzig Minuten in Familie oder Partnerschaft und noch einmal dreißig in sein Sinn- und Kulturleben. Neben einem Acht-bis-zehn-Stunden-Arbeitstag kann also ein Gesamtaufwand von etwa zwei Stunden für die übrigen drei privaten Lebensbereiche schon zu einer verhältnismäßigen Ausgewogenheit führen.

Zudem geht es nicht darum, ständig in Balance zu leben. Zum einen ist das nahezu unmöglich, zum anderen würde das fortwährende Bemühen um eine quantitativ bemessene Ausgewogenheit der beschriebenen Lebensbereiche bei uns wieder Druck erzeugen und Stress mobilisieren, den es gerade zu vermeiden gilt. Es kann sehr gut sein, dass Sie für eine gewisse Zeit, in der besondere berufliche Anforderungen an Sie gestellt werden, völlig aus der Balance geraten und einen Lebensbereich zulasten der anderen überbetonen – das ist völlig normal. Sicher nicht balancefördernd ist es, wenn Sie deswegen ein schlechtes Gewissen haben. Es geht darum, Ausgewogenheit über einen *längeren Zeitraum* herzustellen – bevor das Leben in die Einseitigkeit und damit in eine vermeintlich ausgewogene Eintönigkeit kippt. Auch ein Seiltänzer befindet sich nie in einer statischen, sondern in einer immer wieder neu zu gewinnenden, dynamischen Balance. Entscheidend ist, dass über einen längeren Zeitraum unter dem Strich ein gewisses Gleichgewicht besteht.

Bei dem anzustrebenden Gleichgewicht handelt es sich also nicht um ein fest gefügtes und allgemeingültiges Balance-Postulat im Sinne eines idealen Lebenskonzepts, das zu verwirklichen ein Muss wäre.

Es gibt für unsere Lebensgestaltung keine Patentrezepte (mögen diese auch gern verkauft und gekauft werden). Vielmehr geht es um Möglichkeiten, die Ihnen helfen können, Ihrer persönlichen Struktur und Ihrer Veranlagung entsprechend behutsam und experimentierend nach und nach mehr in Balance zu kommen. Nicht aus Verpflichtung und innerem Zwang, sondern aus eigenem Bedürfnis und der Freiheit, Ihr Leben bestmöglich zu gestalten. Das Ziel ist nicht, mehr aus sich herauszuholen, sondern vielmehr, Ihre Lebens- und Arbeitsprozesse effektiver und ausgeglichener zu gestalten.

Lebensbalance und Lebensphasen

Je nach dem Alter eines Menschen verändern sich die Bedeutung und damit die Prioritäten der Lebensbereiche. Für einen jungen Menschen von Anfang zwanzig bis Mitte dreißig steht zumeist der Beruf an erster Stelle, gefolgt von der Zeit, die er mit Freunden und seiner Familie verbringen kann, und dem Interesse für Fitness und Gesundheit. Die Frage nach dem Lebenssinn spielt in jungen Jahren oft eine untergeordnete Rolle und wird – mehr oder weniger – in die Zukunft verschoben. Ab Mitte dreißig rückt erfahrungsgemäß für die meisten die Familie in den Vordergrund, und ab Mitte fünfzig wird die eigene Gesundheit häufig sogar wichtiger als der Beruf – nicht selten bedingt durch das Auftreten erster Beschwerden oder Krankheiten. Je älter wir werden, umso wichtiger wird für uns die Gesundheit und damit die Beschäftigung mit dem Sinn des eigenen Lebens. Im Normalfall sieht die lebensalterbezogene Gewichtung etwa wie folgt aus:

	1. Priorität	2. Priorität	3. Priorität	4. Priorität
21 – 34 Jahre	Beruf	Familie & Freunde	Gesundheit	Sinn
35 – 54 Jahre	Familie & Freunde	Beruf	Gesundheit	Sinn
55 – 69 Jahre	Familie & Freunde	Gesundheit	Beruf	Sinn
Ab 70 Jahren	Gesundheit	Sinn	Familie & Freunde	Hobbys

Diese Schwerpunktsetzung entspricht ganz offensichtlich den gängigen Erfordernissen unserer Gesellschaft. Da gilt es doch zunächst, beruflich und somit wirtschaftlich auf die Beine zu kommen, bevor wir daran denken, eine Familie zu gründen. Sinnvollerweise müsste die Auseinandersetzung mit den einzelnen Bereichen jedoch in umgekehrter Reihenfolge stattfinden. Zuerst sollte sich jeder darüber klar werden, was er mit seinem Leben anfangen will: Was ist für mich ganz persönlich der Sinn meines Lebens und mit welchen Werten und Maßstäben will ich mein Leben gestalten? Erst wenn man darauf eine Antwort gefunden hat, kann und sollte man sich der Frage der Berufswahl stellen.

Wer den Sinn seines Lebens darin sieht, sich für Gerechtigkeit auf dieser Welt einzusetzen und möglichst vielen Menschen zu helfen, und gleichzeitig in der Natur und in Kontakt mit anderen leben will, wird als Forscher in einem Chemielabor oder als Buchhalter wahrscheinlich nicht glücklich werden. Doch wie viele von uns ergreifen zunächst einen Beruf – von Erwartungen anderer oder gesellschaftlichen Klischeevorstellungen beeinflusst – und entdecken erst viel später, dass sie mit ihrem Leben eigentlich etwas ganz anderes anfangen wollten? Auch die Vernachlässigung von Gesundheit und Familie zugunsten des Berufs rächt sich: Leistungskraft und

Belastbarkeit in der Arbeit nehmen ab. Denn gerade der berufliche Erfolg basiert auf Dauer auf einem guten Rückhalt im Familien- und Freundeskreis einerseits und auf der körperlichen Fitness und Gesundheit andererseits. Grundsäule oder tragendes Fundament bilden der Lebenssinn und die persönliche Werteskala. Ein stabiles Lebensgebäude sieht daher so aus:

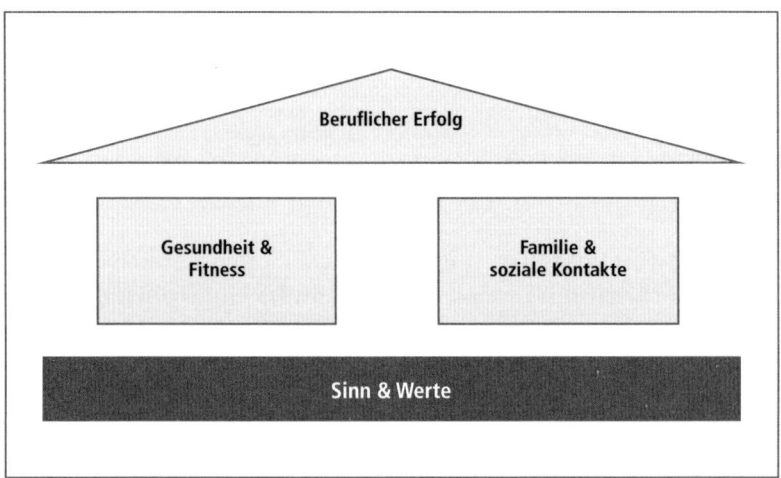

Natürlich kann dieses Lebensgebäude nur ein Idealbild sein. Es zeigt ein Grundmuster des bewussten Investments in die vier Lebensbereiche. Es kann je nach persönlicher Lebenssituation, individuellem Werdegang und jeweiliger Schwerpunktsetzung auch ganz anders aussehen:

■ *Durch besondere Ereignisse* kann für eine gewisse Zeit ein Lebensbereich einseitig in den Vordergrund rücken, so zum Beispiel die Gesundheit aufgrund einer Krankheit oder eines Unfalls. Oder die Familie steht während eines bestimmten Lebensabschnitts an erster Stelle, etwa vor und nach der Geburt eines Kindes. In einer Lebenskrise oder nach dem Tod eines nahestehenden Menschen mag uns vor allem der Sinnbereich beschäftigen, bei schweren beruflichen Problemen – oder neuen Herausforderungen – wohl in erster Linie der Arbeitsbereich.

■ Ebenso gut kann eine *individuelle Lebenssituation* zu einer stärkeren Betonung bestimmter Aspekte führen. So wird ein Mensch mit labiler Gesundheit wahrscheinlich seinem Körper und seiner Gesundheit mehr Zeit widmen, und ein Familienvater mit fünf Kindern dürfte sich daheim mehr engagieren als ein Single. Und jemand, der eine größere Erbschaft gemacht hat, könnte es sich durchaus leisten, den Berufsbereich unter dem Gesichtspunkt des Geldverdienens zugunsten anderer Lebensbereiche zu reduzieren.

Gefahren einseitiger Vernachlässigung

Die Balance der vier Lebensbereiche ist also abhängig von der allgemeinen Lebensphase, von besonderen zeitlich begrenzten Lebensumständen, von der individuellen Lebenssituation eines Menschen und nicht zuletzt von seinen persönlichen Präferenzen und Neigungen. Entscheidend bleibt trotz aller Besonderheiten jedoch das Ziel, eine verhältnismäßige Ausgeglichenheit über einen *längeren Zeitraum* zu erreichen. Es kommt zwangsläufig zu Fehlentwicklungen, wenn wir einen Lebensbereich überbetonen und dabei *auf Dauer* einen oder sogar mehrere andere Bereiche vernachlässigen. Die Rechnung wird nicht immer sofort präsentiert, sondern häufig erst viel später – manchmal sogar zu spät!

Je früher wir diese Gefahren erkennen und auf eine ausgewogene Balance der verschiedenen Lebensbereiche achten, desto leichter können wir den genannten Folgen vorbeugen. Doch das Tückische ist,

Die Vernachlässigung von Lebensbereichen ist schädlich.

dass *wir den Verlust der Balance meistens gar nicht bemerken* – er vollzieht sich schleichend und schrittweise. Würden wir von heute auf morgen aus der Balance geraten, würden wir erschrocken reagie-

ren und vermutlich alles unternehmen, um unser Leben wieder ins
Lot zu bringen. Es würde uns ergehen wie einem Frosch, den man
in eine Pfanne mit heißem Wasser wirft: Er würde sofort wieder
herausspringen. Wenn man den Frosch jedoch in eine Pfanne mit
kaltem Wasser setzt und dieses dann langsam erhitzt, bis es kocht,
so würde der Frosch die zunehmende Temperaturveränderung
nicht merken, sich daran gewöhnen und schließlich ums Leben
kommen.

Vernachlässigung von:	… führt auf Dauer zu:
Familie und Freunden	• Partnerkonflikten oder gar Trennung • enttäuschten Kindern / Verlust nicht nachholbarer Zeit • wenig Freunde / Verlust von Freunden / Einsamkeit
Gesundheit und Fitness	• geringer Leistungskraft / schwacher Belastbarkeit • körperlichen Störungen / Krankheiten • Übergewicht und Schlaffheit
Sinn und Kultur	• Orientierungslosigkeit / Sinnkrise • fehlendem Halt bei schweren Problemen • persönlicher und geistiger Stagnation
Beruf	• Schwierigkeiten mit Mitarbeitern oder Kunden • Kündigung / Insolvenz • finanziellen Schwierigkeiten / Selbstwertproblemen

Und so ergeht es auch uns, wenn der Stress und die Beanspruchung am Arbeitsplatz kontinuierlich zunehmen, wenn wir immer
weniger Zeit mit unserem Lebenspartner, den Kindern und unseren Freunden verbringen, wenn wir immer weniger schlafen, uns
weniger bewegen, uns mehr und mehr von Fast Food ernähren
und wenn wir die Zeit für Besinnung, Neuorientierung und geistig-
kulturelles Auftanken auf ein Minimum reduzieren, bis sie ganz
verschwindet.

Die meisten Menschen merken es erst, wenn sich massive gesundheitliche oder familiäre Probleme einstellen oder wenn sie in eine Sinnkrise geraten.

Ihr persönlicher Lebensbalance-Test

Der *erste Schritt* zum Einstieg in ein ausbalanciertes Leben besteht darin, sich *Klarheit* zu verschaffen, wie es in Ihrem Leben aktuell um die Balance der vier Bereiche steht. Dabei gilt es insbesondere herauszufinden, wie viel Zeit Sie in die verschiedenen vier Bereiche investieren. Sie sollten sich fragen, womit Sie zufrieden sind und was Ihnen schon jetzt in Ihrem Leben verbesserungswürdig oder gar dringend veränderungsbedürftig erscheint. Doch machen Sie sich damit keinen unnötigen Stress:

> **Es geht hier nur um eine *Momentaufnahme* und um ein erstes Gefühl für das Konzept der Lebensbalance in Ihrer persönlichen Situation.**

Also: *Wie viel Zeit investieren Sie in Ihrem Leben in die einzelnen Lebensbereiche?* Am besten ermitteln Sie die Stundenzahl, die Sie durchschnittlich pro Woche dafür aufbringen. Für die Ferienwochen können Sie jeweils Bonusstunden hinzufügen, pro Woche eine, und zwar mehrfach: Wenn Sie beispielsweise Ihren dreiwöchigen Urlaub mit der Familie oder Freunden verbringen und sich gleichzeitig erholen und Sport treiben oder eine Kulturreise machen, so können Sie die drei Bonusstunden sowohl bei »Familie und Freunde« als auch bei »Gesundheit und Fitness« und bei »Sinn und Kultur« eintragen. Und auch dabei geht es nicht um rechnerische Genauigkeit, sondern um eine ungefähre Einschätzung.

Lebens-bereich:	Vor allem:	Stunden/Woche:	Plus Bonus:	Gesamt:
Beruf	• Arbeit • Karriere • Weiterbildung • Vermögensbildung	....	....	....
Familie und soziale Kontakte	• Ehe-/Lebenspartner • Kinder, Verwandte • Freunde • Politisches/soziales Engagement	....	....	....
Gesundheit und Fitness	• Vorsorgemaßnahmen • Ernährungsmaßnahmen • Sport und Bewegung • Erholung	....	....	....
Sinn und Kultur	• Lebenssinn/Werte • Religion/Philosophie • Geistiges Wachstum • Kultur	....	....	....

Nun? Wie fällt das Ergebnis aus? Stimmt die Balance? – Bitte denken Sie daran, dass es nicht um eine rein rechnerische, sondern immer um eine qualitative Balance geht. So können beispielsweise sieben bis zehn Stunden für Gesundheit und Fitness locker vierzig, ja sogar fünfzig bis sechzig Stunden Arbeit ausgleichen (sofern natürlich der Schlaf nicht auf der Strecke bleibt – übrigens sollten Sie Schlafstunden niemals als besonderes Gesundheitsinvestment ansetzen).

Checken Sie auch in *qualitativer* Hinsicht, wie gut Sie Ihr Leben in der Balance haben. Fragen Sie sich, wie zufrieden Sie mit den einzelnen Aspekten Ihrer Lebensbereiche sind, und bewerten Sie Ihre Zufriedenheit auf einer Skala von 1 (überhaupt nicht zufrieden) bis 5 (sehr zufrieden)!

Lebensbereich und Einzelaspekte					
Beruf	1	2	3	4	5
• Erfüllende Arbeit	....	....	....	....	....
• Effizienz und Regeneration	....	....	....	....	....
• Berufliche Weiterbildung	....	....	....	....	....
• Finanzielle Situation	....	....	....	....	....
Familie und soziale Kontakte	1	2	3	4	5
• Beziehung / Partnerschaft / Ehe	....	....	....	....	....
• Zeit für und mit Kindern, Eltern und Verwandten	....	....	....	....	....
• Zeit für Freunde, Bekannte & Co.	....	....	....	....	....
• Soziales / politisches Engagement	....	....	....	....	....
Gesundheit und Fitness	1	2	3	4	5
• Vorsorgemaßnahmen	....	....	....	....	....
• Gesunde Ernährung	....	....	....	....	....
• Bewegung und Sport	....	....	....	....	....
• Entspannungs- und Stressmanagement	....	....	....	....	....
Sinn und Kultur	1	2	3	4	5
• Lebenssinn und Lebensvision	....	....	....	....	....
• Persönliche Werte	....	....	....	....	....
• Möglichkeiten, innerlich aufzutanken	....	....	....	....	....
• Kultur und Persönlichkeitsentwicklung	....	....	....	....	....

Vielleicht hat Sie die eine oder andere Einschätzung überrascht und Sie fragen sich: Wie kann ich die Defizite möglichst bald ausgleichen? Es kommt jetzt also darauf an, den nächsten Schritt zu tun und sich Verbesserungsmöglichkeiten in den verschiedenen Bereichen zu überlegen, die geeignet sind, Ihr Leben in eine neue Balance zu bringen. Fangen Sie gleich damit an und tragen Sie das, was Sie verändern und verbessern wollen, in die folgende Tabelle ein:

Lebensbereich	Was ich verändern / verbessern möchte:
Beruf	
Familie und Kontakte	
Gesundheit und Fitness	
Sinn und Kultur	

Um noch mehr Klarheit zu gewinnen, stellen Sie sich bitte vor, wie ein Leben in Balance in Zukunft aussehen könnte. Erlauben Sie sich, Ihr Wunschbild zu kreieren, und lassen Sie dabei zunächst Bedenken und Zweifel beiseite. Gönnen Sie sich dafür zehn bis fünfzehn Minuten, möglichst ungestört, vielleicht sogar mit schöner Musik oder in der Natur. Malen Sie sich aus, wie Ihr Leben in Balance in drei Jahren aussehen könnte.

Lebensbereich	Was ich verändern / verbessern möchte:
Beruf	
Familie und Kontakte	
Gesundheit und Fitness	
Sinn und Kultur	

Wie schon bei der Bewertung der Urlaubswochen beschrieben, können manche Lebensbereiche gut miteinander verbunden werden, sodass nicht jeder Lebensbereich ein eigenes Zeitkontingent erfordert. Sportliche Aktivitäten können wunderbar gemeinsam mit anderen – mit dem Partner, den Kindern oder Freunden – ausgeübt werden, und ein Theaterbesuch wird häufig als weit intensiver und bereichernder empfunden, wenn er in Begleitung und nicht allein stattfindet. Zwei Bereiche gilt es jedoch klar zu trennen: Berufliches und Privates. So paradox es zunächst klingen mag, aber die Vermischung von Berufs- und Privatleben trägt nicht zur Work-Life-Balance bei, sondern gefährdet sie. Akten mit nach Hause nehmen, um sie dann vor dem Fernseher zu bearbeiten – vielleicht sogar in Gegenwart des deswegen verständlicherweise frustrierten Lebensgefährten –, ist genauso kommunikationsstörend wie das Führen von Geschäftstelefonaten per Handy am Mittagstisch oder beim Spielen mit den Kindern. Allerdings: Die Umsetzung gerade dieses Grundsatzes wird durch das Problem der ständigen Erreichbarkeit heute oft extrem erschwert. Die Einhaltung dieser Regel lohnt sich jedoch und wird wesentlich zur inneren Stabilität beitragen, auch wenn es im Einzelfall schwer erscheinen und etwas Disziplin erfordern mag.

Berufliche Faktoren

Ob Sie bei Ihrer Arbeit motiviert sind und Erfüllung finden, hängt weitgehend davon ab, wie sehr Sie sich mit Ihrer Tätigkeit *identifizieren*, ob Ihre *Potenziale* genügend zum Einsatz kommen und wie sehr Sie im Verhältnis zu Ihren Fähigkeiten *gefordert* werden.

Beruf oder Berufung?

Dreh- und Angelpunkt ist die Frage, ob Ihr Beruf für Sie wirklich eine *Berufung* ist *oder* eher nur ein *Job*, um genügend Geld zu verdienen. Können Sie von Ihrer Arbeit sagen, dass sie genau das ist, was Sie mit Ihren Fähigkeiten am besten können und am liebsten tun? Oder träumen Sie eigentlich die ganze Zeit von einer anderen

Arbeit, zu der Sie bisher nur noch nicht den Weg oder den Mut gefunden haben? Die Antwort darauf kann natürlich auch abgestuft erfolgen. Was würden Sie spontan sagen?

> Meine Arbeit empfinde ich zu .... Prozent als Berufung und zu .... Prozent als reinen Job zum Geldverdienen.

Ist das für Sie so ausreichend? Oder würden Sie daran gerne etwas ändern? Was wäre Ihre Wunschvorstellung?

> Meine Arbeit sollte für mich zumindest zu .... Prozent auch meine Berufung sein.

Um sich über Ihre Zufriedenheit mit Ihrer Arbeit klarer zu werden, sollten Sie notieren, was Ihnen an Ihrer Arbeit gefällt und was nicht:

An meiner Arbeit ...	
gefällt mir:	missfällt mir:

Und wie würde Ihr Traumberuf aussehen? *Was* würden Sie beruflich gerne tun, wenn Sie die Möglichkeit dazu hätten, *und unter welchen Umständen* würden Sie gerne arbeiten? Notieren Sie auch jene

Gedanken, Ideen und Wünsche, die Ihnen im Moment vielleicht nicht realisierbar erscheinen.

Mein Traumberuf und meine Traumarbeitsumstände:

Wenn Sie nach dieser Kurzinventur zu dem Ergebnis kommen, dass Sie prinzipiell (also trotz aller Schwierigkeiten, die wohl jede Arbeit mit sich bringt) den richtigen Beruf haben: Gratulation! Wenn Sie dagegen nur aus Bequemlichkeit oder Angst vor Arbeitslosigkeit an einem Job festhalten, der Ihnen eigentlich nicht entspricht, sollten Sie alle Antennen ausfahren und alle Hebel in Bewegung setzen, um Ihren Traumberuf zu realisieren, zumindest aber eine Arbeit zu finden, die Ihnen liegt und zu der Sie sich (in möglichst hohem Maß) »berufen« fühlen! Sonst laufen Sie Gefahr, innerlich zu verkümmern und womöglich auch körperlich krank zu werden. Wollen Sie sich wirklich den Rest Ihres (Arbeits-)Lebens mit »angezogener Handbremse« im Zustand resignierter Arbeits(un)zufriedenheit weiter mühen? Sie sollten selbst in fortgeschrittenem Lebensalter noch den Mut zu einer beruflichen Veränderung haben. Trotz der schwierigen Arbeitsmarktsituation können Sie immer noch eine entsprechende Tätigkeit finden, wenn Sie sich auf das konzentrieren, wo Sie Ihre Stärken haben. Lieber verdienen Sie vorübergehend weniger und schnallen den Gürtel etwas enger, als dass Sie mit weitem Gürtel unglücklich weiter schuften!

Fokus auf Stärken

Ob Sie beruflich erfolgreich sind, hängt hauptsächlich davon ab, ob Ihre Talente und Stärken zum Tragen kommen. Einem weitverbreiteten Irrtum zum Trotz stehen nämlich nicht Ihre Schwächen Ihrem Erfolg im Weg, sondern ein unzureichender Einsatz Ihrer Stärken. Investieren Sie daher nicht zu viel Energie in die Bekämpfung Ihrer Schwächen. Die Erfahrung lehrt dabei:

- Erstens schaffen wir es meistens nicht, unsere Schwächen zu besiegen.
- Zweitens werden wir, selbst wenn es uns gelingt, allenfalls durchschnittliche Leistungen bringen.
- Drittens ist die Beschäftigung mit den eigenen Schwächen eher frustrierend.

Der Schlüssel zum Erfolg liegt in der Fokussierung auf die Stärken und Talente. Voraussetzung dafür ist natürlich, sich dieser Stärken bewusst zu sein. Wo sehen Sie Ihre größten Fähigkeiten und Potenziale? Was können Sie und was tun Sie am liebsten?

Meine größten Stärken und Talente sind:

Arbeitslust statt Arbeitsfrust

Selbst wenn Sie Ihre Berufung gefunden haben, ist das noch keine Garantie für dauerhafte Arbeitsfreude. Die entscheidende Frage ist dabei, was genau den Spaß an einer Tätigkeit ausmacht. Damit haben sich Motivationspsychologen immer wieder beschäftigt, und eine der plausibelsten Antworten hat der Harvard-Professor Mihály Csíkszentmihályi gefunden. In seinem Buch »Flow. Das Geheimnis des Glücks« kommt er zu dem zunächst verblüffenden und doch pragmatisch wirksamen Ergebnis:

Einer der maßgeblichen Faktoren, um Spaß an einer Sache zu haben, ist die Herausforderung.

Die zweite Voraussetzung ist: Die konkrete Herausforderung muss mit den eigenen Fähigkeiten in Balance sein.

Was ist damit gemeint? – Im Spannungsfeld zwischen Herausforderung und individuellen Fähigkeiten sind grundsätzlich drei Szenarien denkbar:

1. Ihre Fähigkeiten sind sehr gering, die Herausforderung, der Sie sich gegenübersehen, ist dafür ungleich größer. Ein Beispiel aus der Arbeitswelt: Ein Angestellter ist seit Jahren zufriedener technischer Zeichner in einem mittelständischen Unternehmen. Im Rahmen einer weltweiten Ausschreibung soll er ein neues Projekt vor einem international besetzten Gremium vorstellen. Es ist nicht ganz unwahrscheinlich, dass er sich *überfordert* fühlt und in *Stress* gerät.

2. Denkbar ist auch ein zweites Szenario: Unser technischer Zeichner hat inzwischen studiert und es zum Ingenieur gebracht – und soll zukünftig doch nur einfache Montagepläne zeichnen. Realistisch betrachtet wird er sich dabei sehr schnell *langweilen*, weil ihn diese Arbeit völlig *unterfordert*.

> ❗ **Überforderung und Unterforderung sind die größten Motivations-**
> ⬤ **killer im Leben.**

3. In beiden Fällen kann kein Spaß an der Arbeit, sondern nur Stress oder Langeweile aufkommen. Freude an einer Sache – so haben Csíkszentmihályis Untersuchungen ergeben – entsteht erst, wenn die Fähigkeiten der Herausforderung entsprechen, und zwar genau dann, wenn wir an der Grenze unserer individuellen Fähigkeiten sind, *wenn wir gefordert werden, ohne uns zu überfordern.* In diesem dritten Szenario entwickelt sich Motivation also auf dem schmalen Grat zwischen Überforderung (die uns stresst) und Unterforderung (die uns langweilt). Dann gehen wir gleichsam in einer Tätigkeit völlig auf, üben sie aus, weil sie Spaß macht und uns in ihren Bann zieht, und nicht, weil wir Geld dafür bekommen oder gelobt werden.

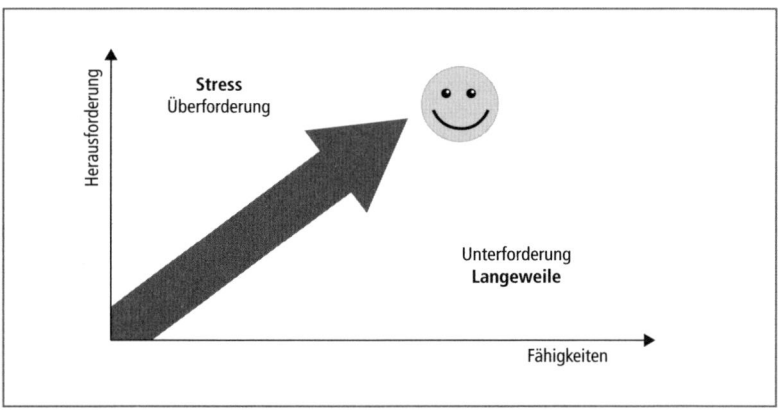

Die entscheidende Erkenntnis lautet also:

> ❗ **Spaß und Erfüllung an der Arbeit entstehen, wenn Sie immer**
> ⬤ **wieder neu gefordert werden, ohne sich allerdings auf Dauer**
> **zu überfordern.**

Flow stabilisiert

Was zunächst einmal nur aussieht wie eine weitere, freilich sehr effektive (Selbst-)Motivationsmethode, hat in Wahrheit aber doch ganz erhebliche Bedeutung: Wird eine Tätigkeit im Flow ausgeübt, hat das Auswirkungen auf unser Nervensystem und damit letztlich auch auf unsere Widerstandskraft. Das gilt für den Job genauso wie für eine Tätigkeit im privaten Umfeld.

Was passiert im Gehirn, wenn wir uns einer herausfordernden Aufgabe gegenübersehen? Eine wichtige Rolle scheint der Neurotransmitter Dopamin zu spielen: Mit der Aufgabenstellung haben wir ein erreichbares Ziel vor Augen. In dem Moment, in dem wir uns auf dieses Ziel konzentrieren und an einer Lösung arbeiten, kommt es im Gehirn – so sehen es zumindest eine Reihe von Wissenschaftlern – zur Ausschüttung von Dopamin; das Gehirn geht sozusagen in »Habachtstellung«. Dieser Neurotransmitter wird immer dann ausgeschüttet, wenn wir auf ein Ziel zusteuern und etwas erreichen wollen. Er treibt uns an und versetzt uns – das Ziel greifbar vor Augen – in einen leicht euphorischen Zustand freudiger Erregung. Die Herausforderung, vor der wir stehen, verspricht uns also Glücksgefühle, wenn wir das Ziel erreicht haben.

Das ist die eine Seite des Dopamins. Ein weiterer Aspekt ist in unserer Situation aber ebenso wichtig: Dopamin schmiert den Geist. Unter dem Einfluss von Dopamin scheint unser Gehirn schneller zu arbeiten, wir denken rascher, sind kreativer und konzentrierter und assoziieren freier. Die eigentlich gute Botschaft aber ist:

! **Wir sind dabei nicht etwa angestrengt oder verbissen, sondern**
● **auch noch gut gelaunt.**

Und diese gute Laune bekommt nun weitere Nahrung. Denn auf dem Weg zu unserem Ziel gelingt uns nun – erwartungsgemäß – ein erster kleiner Teilerfolg. Unser Körper belohnt uns mit der Ausschüttung von Opioiden, die man als körpereigene Wohlfühlhormone bezeichnen könnte. Die Laune steigt, es gibt noch weitere Etappen auf dem Weg zum Ziel, die erneut kleine und große Erfolge versprechen – und Dopamin sorgt dafür, dass wir in der Erwartung dieser Erfolge (und der guten Gefühle, die sie auslösen) zügig weitermachen. Wie ein Pendel schwingt unser Gemütszustand zwischen euphorischem Begehren (dafür sorgt Dopamin) einerseits und der Belohnung (in Form der Opioidausschüttung) andererseits hin und her.

Freilich funktioniert das alles nur so lange reibungslos, wie sich immer wieder Erfolgserlebnisse einstellen – flowtechnisch gesagt: wie die Fähigkeiten mit der Herausforderung in Einklang stehen. Denn ist die Aufgabe zu schwer, bleibt der Erfolg aus. Da kann das Dopamin wenig ausrichten: Wir strengen uns mehr und mehr an, um eine Lösung zu finden, aber unser Gehirn macht nicht mehr mit. Die Fokussierung auf das unlösbare Problem erzeugt Stress statt Wohlgefühl, Selbstzweifel plagen uns, schließlich geben wir entnervt auf.

Nicht anders verläuft es im Ergebnis, wenn das Problem zu leicht lösbar ist. Das mag auf den ersten Blick erstaunen, scheint es doch zunächst einmal so zu sein, dass die vom Dopamin versprochenen guten Gefühle dann eben schneller erreicht werden. Dabei berücksichtigen wir allerdings nicht ausreichend, dass Unterforderung im Gehirn ganz ähnliche Reaktionen erzeugt wie Überforderung. Ist eine Aufgabe nämlich zu leicht, verlagert das Gehirn die Aufmerksamkeit und sucht sich neue Reize – und verweigert uns mit dem ausbleibenden Erfolg bei der eigentlichen Aufgabenstellung den wohltuenden Pendelausschlag zwischen Herausforderung und Belohnung.

So kommen Sie in den Flow

Aber wie kann das in der Praxis aussehen – im Flow arbeiten? Es mag Berufe (oder Berufungen) geben, bei denen sich dieses Flowgefühl praktisch von selbst einstellt – bei einem Musiker ist das denkbar, auch bei einem Arzt vielleicht. Aber im schnöden Berufsalltag? – Nochmals zur Erinnerung: Die Eckdaten des Flows sind Herausforderung und Fähigkeiten. Sind die Herausforderungen zu hoch und die Fähigkeiten gering, wird es stressig – dann sollten Sie Wege finden, es sich *leichter zu machen*. Sind umgekehrt die Fähigkeiten hoch und die Herausforderungen überschaubar, wird es langweilig – dann ist es an der Zeit, die Aufgaben *interessanter zu gestalten*.

In den Flow kommen: es sich leichter machen

Bei praktisch jeder Beschäftigung gibt es eine Fülle von Stellschrauben, an denen Sie drehen können, um die Herausforderung ein wenig mehr Ihren Fähigkeiten anzupassen. Die zentrale Frage lautet: »Wie wird das Vorhaben für mich machbar?« Das Erstaunliche: Oft sind es letztlich nur ganz geringe Veränderungen, die dazu beitragen, das Gefühl der Überforderung zu beseitigen.

Planung überdenken
Viele Menschen neigen dazu, Pläne zu überfrachten. Möglicherweise sind auch Ihre Planungsziele einfach zu eng gesteckt. Oft wird bei Plänen die gesamte zur Verfügung stehende Zeit verplant. Dabei übersehen wir aber, dass schon ein unvorhergesehener Zwischenfall den gesamten Plan umstürzen kann. Daher gilt: Sie sollten am besten nur ca. 60 Prozent des Arbeitstages verplanen – den Rest sollten Sie als Pufferzeit vorsehen.

Konzentriert vorgehen
Konzentration erfordert ein klares Ziel und Abschirmung von Störungen – mehr dazu finden Sie in Teil 4 (Stabilisatoren).

Ausreichend Regenerationsphasen einplanen

Über mehrere Stunden effizient zu arbeiten ist ohne Regenerations-
pausen nahezu unmöglich. Und dennoch ist es das, was weit und
breit praktiziert wird: durcharbeiten ohne Pause. Das Tückische
dabei ist, dass wir es in der Regel gar nicht merken, wenn unsere
Konzentrationsfähigkeit nachlässt und unsere mentale Energie nur
noch einen Bruchteil der anfänglichen Leistungsfähigkeit beträgt.
Je ineffizienter wir werden, umso mehr strengen wir uns an, umso
weniger gönnen wir uns eine Pause und umso ineffizienter arbeiten
wir: ein Teufelskreis. – Der Ausweg? Wissen, *wann* sinnvollerweise eine Pause angebracht ist und *wie* wir uns in dieser Pause am
schnellsten regenerieren können. Wissenschaftliche Untersuchungen haben ergeben, dass Konzentration und Arbeitseffizienz innerhalb von fünfzig Minuten erheblich abnehmen. Würde man Sie bei
der Arbeit an ein EEG-Messgerät anschließen, so könnten Sie das
Absinken Ihrer Leistungsfähigkeit am Monitor mitverfolgen.

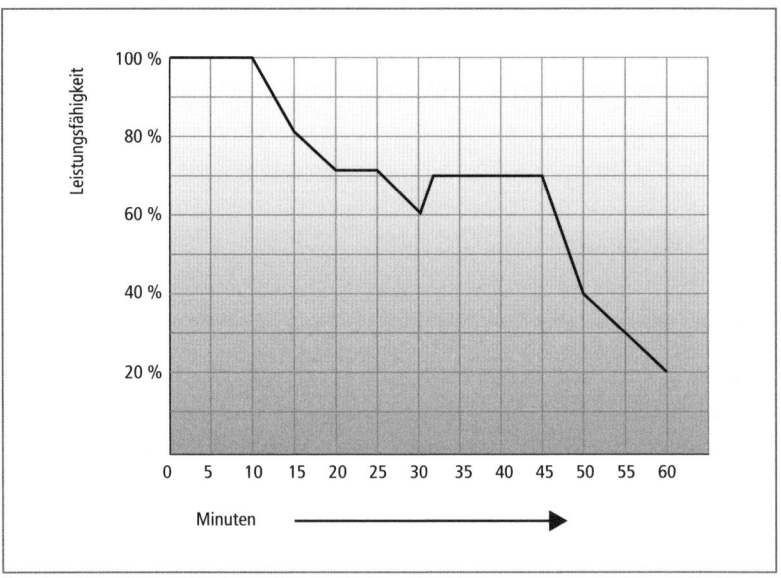

Daraus folgt, so schwer das am Anfang auch fallen mag, als optimaler Arbeitsrhythmus:

! 50 Minuten konzentrierte Arbeit, dann zehn Minuten Pause (möglichst mit effektiven Regenerationstechniken).

Am Anfang ist es nur deshalb so schwer, Regenerationsphasen einzulegen, weil es völlig ungewohnt ist. Und weil Ihr innerer Arbeitsminister Sie gnadenlos weiterschuften lassen will. Doch auch der lässt sich eines Besseren belehren, wenn Sie wiederholt die Erfahrung gemacht haben, wie viel mehr Power und Effizienz Sie an den Tag legen, wenn Sie strategisch sinnvolle Pausen einlegen. Hier geht es also um die richtige Balance zwischen Aktion und Regeneration – die Regeneration, die Sie wieder in Balance bringt. Nutzen lassen sich diese Pausen ganz unterschiedlich – mit den richtigen Entspannungstechniken zum Beispiel können Sie aber schon aus zehn Minuten Pause den Erholungswert einer ganzen Stunde Mittagsschlaf herausholen. Eine ganze Reihe solcher Übungen und Tipps finden Sie im vierten Teil, wenn es um die Stabilisatoren »Entspannung«, »Meditation« und »Bewegung« geht.

Zu viel auf einmal – abgeben

Die wichtige Präsentation bis Freitag, die Budgetplanung bis Montag, das Problem aus der Produktion, die deswegen seit Tagen immer wieder hängt, und ein unzufriedener Kunde, der das Telefon blockiert. Ach ja: Ihr Kind liegt mit Bronchitis im Bett. Jede einzelne Aufgabe an sich wäre ohne Weiteres zu managen – in der Summe aber ist es kaum machbar. Auch solche Situationen sorgen dafür, dass Sie die Balance verlieren. Wenn Sie in diesen Fällen nichts aufschieben können, dann hilft nur, es abzugeben. Organisieren Sie sich Hilfe, so lange, bis die Belastung wieder auf ein machbares Maß gesunken ist. Idealerweise entwickeln Sie bereits vorsorglich derartige Hilfskonstruktionen: In vielen Unternehmen bestehen umfangreiche Vertretungspläne – solche »Pläne« lassen sich auch für den eigenen (Arbeits-)Bereich erstellen, was besonders dann sinnvoll ist, wenn Sie Kinder und Beruf unter einen Hut bringen müssen.

Dem Anspruchssumpf entkommen

Auch wenn das unserem anerzogenen und tief eingeimpften Leistungsdenken widersprechen mag: Leichter machen (und damit langfristig die Arbeitszufriedenheit erhöhen) kann auch bedeuten, eine Zeit lang bewusst die Ansprüche *an sich selbst* zurückzunehmen. Das mag im beruflichen Bereich für manchen zunächst einmal ein Imageproblem mit sich bringen: Es scheint nicht so recht unseren Vorstellungen zu entsprechen, vom Karrieredenken (zumindest temporär) abzulassen, den Schwerpunkt zu verlagern und Zeit, die für den vordergründig doch so erstrebenswerten Aufstieg wichtig wäre, anderweitig zu verplanen. Und doch entspricht diese Form der Karriereplanung in kleinen Schritten vielleicht viel mehr den Anforderungen der Zukunft als das Modell »Senkrechtstarter«. Wer schnell aufsteigt, verdient schnell mehr Geld, erlangt schnell Prestige und Ansehen – entfernt sich aber möglicherweise auch sehr schnell von den Aufgaben, die ihm eigentlich Spaß machen.

Versinken Sie nicht im Anspruchssumpf.

»Leichter machen« kann also konkret bedeuten, Plateauphasen in der eigenen Karriereplanung einzuplanen. Es muss ja auch nicht gleich der dauerhafte Verzicht sein. Eine etwas weniger karriereschädliche Form der temporären Arbeitserleichterung sind zum Beispiel Auszeiten auf Zeit. Viele Unternehmen haben Arbeitszeitmodelle, in denen arbeitsfreie Phasen von zumeist drei oder sechs Monaten einigermaßen mühelos eingepasst werden können. Häufig wird eine solche Phase zur Weiterbildung oder für einen Auslandsaufenthalt genutzt – das ist aus Unternehmenssicht sinnvoll, lässt allerdings den ausbalancierenden Charakter dieser Zeit schon wieder etwas in den Hintergrund treten. Auch wenn diese Phase nicht unbedingt zu einer Dauerfreizeit werden muss: Wenn das Ziel ist, etwas aus der Tretmühle des Jobs herauszukommen und psychischer und physischer Erschöpfung entgegenzuwirken, dann ist es zweifelsfrei sinnvoller, diese Zeit von berufsbezogenen Projekten weitgehend frei zu halten.

Zu schwierig – Hilfe in Anspruch nehmen

Ja, auch das ist möglich: Die Aufgabe, die Ihnen gestellt wurde – oder die Sie sich selbst gesetzt haben – ist schlicht zu schwierig. Das gestehen wir uns nicht so gerne ein. Es ist aber keine Schande, sondern eher ein Zeichen von Professionalität, Hilfe in Anspruch zu nehmen. Auch hoch qualifizierte Spezialisten stehen immer wieder vor Aufgaben, bei denen der zielgerichtete Rat eines Kollegen mehr bringt als tagelanges Wälzen von Fachliteratur. Und selbst wenn Ihre Kollegin oder Ihr Kollege in die Sache selbst nicht eingearbeitet ist: Gerade aus der Außensicht kann manchmal der entscheidende Hinweis kommen.

In den Flow kommen: interessanter machen

Was gilt im umgekehrten Fall? Wenn Sie also die Routine des Berufslebens nur noch langweilt, weil Sie die 23 Varianten der Lohnabrechnung schon auswendig können und neue Aufgaben nicht in Sicht sind? Nun: Ebenso, wie sich die meisten Aufgaben vereinfachen lassen, können Sie vieles auch interessanter gestalten.

Optimieren Sie Ihre Arbeit und suchen Sie sich Aufgaben

Etwa, indem *Sie Ihre Arbeit optimieren und sich Aufgaben suchen*: Wenn Sie Ihre berufliche Tätigkeit langweilt, dann haben Sie wahrscheinlich schon alles getan, um die Abläufe zu optimieren und möglichst zeitsparend zu arbeiten. Manchmal allerdings können solche Vorhaben auch von der täglichen Routine verschluckt werden.

> ❗ Sehen Sie sich Ihre Arbeitsabläufe daher noch einmal kritisch an – vielleicht lässt sich hier eine ganze Menge effizienter gestalten.

Wenn Sie wissen und sicher sind, wie viel Zeit Ihnen zusätzlich zur Verfügung steht, dann könnten Sie sich neue Betätigungsfelder innerhalb des Unternehmens suchen. Oft ist es so, dass innerhalb einer Abteilung ein oder zwei Mitarbeiter zahlreiche Aufgaben bei sich bündeln und immer laut »Hier!« rufen, wenn etwas zu machen ist, während andere eher nicht an Überarbeitung leiden. Manchem ist das ganz recht, der sucht dann vielleicht sein Heil in der Freizeit. Wenn Sie aber vorhaben, Ihre Arbeit interessanter zu gestalten, könnten gezielte Vorschläge zur Neuorganisation dabei helfen. Vielleicht übernehmen Sie erst einmal testweise für zwei Monate einen neuen Aufgabenbereich, um zu sehen, ob Sie der neuen zusätzlichen Aufgabe auch tatsächlich gewachsen sind.

Bilden Sie sich weiter

Wer aufgehört hat, zu lernen, hat aufgehört, besser zu werden. Früher mag nach dem Erlernen eines Berufes Weiterbildung Hobby oder gar Luxus gewesen sein, im heutigen Informationszeitalter ist sie beruflich gesehen fast überlebensnotwendig. Aufgrund der rasanten Weiterentwicklung der Technologie und des Wissens ist jemand, der heute nicht weiterlernt, oft schon morgen nicht mehr up to date und damit schnell »out«. Know-how ist zum maßgeblichen Erfolgsfaktor geworden und mittlerweile (wie Zeit) fast mehr wert als Geld. Doch im Unterschied zu Zeit lässt sich Wissen kaufen, und im Unterschied zu Geld kann Ihnen einmal erworbenes Wissen niemand mehr nehmen! Hinzu kommt ein weiterer Vorteil: Noch nie gab es so viele verschiedene und leicht zugängliche Möglichkeiten zur Weiterbildung wie heute, etwa Bücher, CDs, DVD-Kurse, internetbasiertes Training, Seminare und Fernstudiengänge.

Zeit und Geld für Weiterbildung aufzubringen ist eine der besten Investitionen, die Sie beruflich machen können, und zwar in drei Bereichen:

Bereich 1: Fachspezifische Fortbildung. Hierbei geht es um eine Spezialisierung in Ihrem Berufsbereich, etwa wenn sich beispielsweise ein Orthopäde auf Knieverletzungen spezialisiert oder ein Marketingleiter eine Fortbildung im Key-Account-Management macht. Diese Weiterbildung geht in die Tiefe und ermöglicht Ihnen, mit der Zeit einen Spezialistenstatus zu erwerben. Welche entsprechenden Fortbildungsmöglichkeiten könnten Sie in den nächsten drei Jahren wahrnehmen?

Bereich 2: Berufsergänzende Fähigkeiten. Um heute beruflich erfolgreich
zu sein, genügt es nicht, nur gutes Fachwissen zu haben, vielmehr
benötigt man etliche andere *berufsunabhängige Fertigkeiten*, um mit
seinem Fachwissen bestmöglich agieren zu können. Hierzu gehören
vor allem: soziale Kompetenz und Kommunikationsgeschick, Rhe-
torik und Präsentationstechniken, Zeit- und Selbstmanagement,
Teambildungs- und Führungskompetenzen, Computerkenntnisse
und Marketing-Know-how und vieles mehr. Je breiter Ihre Palette,
umso deutlicher werden Sie sich von Ihren Mitbewerbern unter-
scheiden und diese nicht nur bei Bewerbungen überholen. Diese
Weiterbildung geht also *in die Breite* und ergänzt Ihr fachspezifi-
sches Wissen um notwendige berufsübergreifende Fähigkeiten. Was
könnten Sie in Zukunft für Ihre beruflichen Skills tun?

Meine berufsergänzenden Fortbildungsmöglichkeiten der nächsten drei Jahre
sind:

Denken Sie dabei auch daran, dass Sie sich im Ausland weiterbilden könnten. In einer Zeit der Globalisierung, Internationalisierung und weltweiten Vernetzung werden *Fremdsprachen und interkulturelle Kommunikationsfähigkeiten* zu einem entscheidenden persönlichen Wettbewerbsvorteil. Auch hier sind der Weiterbildung keine Grenzen gesetzt, ob im Rahmen eines längeren Auslandsaufenthalts, eines Ferienkurses in England oder eines fortlaufenden Abendkurses vor Ort. Internationalität wird immer mehr zu einem der maßgeblichen Erfolgsfaktoren der Zukunft. Die Welt schrumpft zu einem Dorf zusammen. Umso wichtiger ist es, mit seinen Nachbarn nicht nur zu sprechen, sondern auch ihre Kultur zu verstehen und diese zu respektieren lernen. Ohne gegenseitige Achtung werden Sie keine guten Geschäfte machen. Also: Welches Fortbildungsinvestment kommt hier für Sie infrage?

Meine auslandsbezogenen Fortbildungsmöglichkeiten der nächsten drei Jahre sind:

Bereich 3: Ändern Sie die Perspektive. Das sieht vielleicht auf den ersten Blick ein wenig zu einfach aus, kann aber dennoch eine brauchbare Methode sein. Stellen Sie sich einmal vor: Kassierer(in) im Discounter – eine eintönigere Tätigkeit kann es eigentlich kaum geben. Ständig gleiche Abläufe, genervte, gehetzte und patzige Kunden, quengelnde Kinder, Berge von Waren, die innerhalb kurzer Zeit bewegt werden sollen (einige Hundert Kilo am Tag), die Filialleitung im Nacken und jeder Kassenfehlbestand wird mit Abzug vom Lohn bestraft. Und doch weiß man seit dem Bestseller »Die Leiden einer

jungen Kassiererin« der Französin Anna Sam: Die Kasse im Supermarkt kann der passende und interessante Ort für Feldforschung am Mitmenschen sein. Es gibt Strategien, auch diesen eintönigen Job interessanter zu machen: Maßgeblich ist die Einstellung, mit der man Tag für Tag an der Kasse arbeitet. So berichtete mir zum Beispiel eine Kassiererin aus Berlin, sie habe sich zur Aufgabe gemacht, jeden Kunden, der mehr als einmal kommt, mit Namen anzusprechen – da die meisten mit EC-Karte bezahlen, kann sie sich die Namen leicht einprägen. Eine kleine Verschiebung in der Aufgabenstellung – eine Sache der Einstellung eben.

Nehmen Sie sich jetzt, wenn Sie möchten, ein paar Minuten Zeit, und überlegen Sie, welche Tätigkeiten in Ihrem Beruf Sie überfordern und welche Sie unterfordern. Überlegen Sie sich dann, wie Sie die Aufgaben leichter bzw. interessanter gestalten könnten.

Tätigkeiten, die mich überfordern (= Stress):	Tätigkeiten, die mich unterfordern (= Langeweile):
So könnte ich es leichter machen:	**So könnte ich es interessanter machen:**

Die motivierende Kraft der Anerkennung

»Lobwüste Deutschland« schreibt das Nachrichtenmagazin Focus im September 2008 und zitiert eine Studie der Hans-Böckler-Stiftung. Danach fühlen sich rund 60 Prozent der deutschen Arbeitnehmer in ihrem Beruf nicht ausreichend gewürdigt. Der Düsseldorfer Medizinsoziologe Johannes Siegrist, der sich seit Jahren mit der ungesunden Verquickung von hoher Arbeitsbelastung und geringer Anerkennung beschäftigt, hat für diesen Missstand auch ein schönes Wort gefunden: Gratifikationskrise.

Der Begriff mag nahelegen, dass es primär um Geld gehe und sich der Mangel an Anerkennung in einer unzureichenden Bezahlung manifestiere. Aber das täuscht. Der Begriff »Gratifikation« umfasst in diesem Kontext nicht nur die Entlohnung, sondern auch Faktoren wie die zwischenmenschliche Anerkennung und die Entwicklungsmöglichkeiten im Job. Diese weichen Faktoren können in Bezug auf die gesundheitlichen Folgen sogar noch gravierendere Auswirkungen haben als der Kontostand. Keine Beachtung finden und von den anderen nicht angemessen gewürdigt werden führt auf Dauer zu einem unbefriedigenden Gefühl der Leere. Das Gehirn reagiert auf mangelnde Anerkennung ganz ähnlich wie auf eine Überforderungssituation: Registriert es ein dauerndes Missverhältnis zwischen dem eigenen Einsatz und der Gegenleistung – egal, ob in Form von Geld oder anderer Anerkennung –, wertet das Gehirn dies als Stress. Hält dieser Zustand länger an, kommt es zu den bekannten Folgen dauernden Stresses: Herz-Kreislauf-Erkrankungen, Magenprobleme, Depression – das ist unter keinen Umständen balancefördernd.

Die Suche nach Lob und Anerkennung ist ein tief verwurzeltes menschliches Urbedürfnis, Ausdruck des Antriebes, sich gegenseitig Zuwendung und Aufmerksamkeit zukommen zu lassen und harmonisch zusammenzuleben. So ist es also nur allzu menschlich, wenn wir im Beruf, also in dem Bereich, dem wir einen Großteil unserer Zeit widmen, nach Anerkennung und Bestätigung suchen.

Anerkennung, die auf unterschiedliche Art und Weise gegeben werden kann:

- Natürlich ist da zunächst einmal der Faktor *Geld*, der – auch wenn er einige ganz erhebliche Nachteile hat – eben doch als wichtiger Gradmesser für Wertschätzung gilt, zumal in der Arbeitswelt.

- Anerkennung kann weiterhin *von außen* kommen: Durch ausdrückliches Lob, durch Gesten der Wertschätzung, eine paar aufmunternde Worte von Kollegen oder – das ist uns meist noch viel wichtiger – von den Vorgesetzten. Ein nicht zu unterschätzender Faktor ist übrigens auch *die Tätigkeit selbst*. Auch unsere Arbeit kann uns Rückmeldung geben, sei es durch einen quasi »eingebauten Leistungsmaßstab« wie eine Stückzahlvorgabe oder ein bestimmtes Qualitätsniveau, oder sei es auch nur in Form einer To-do-Liste, die wir abhaken. Gelingende Arbeit steigert unser Selbstwertgefühl, und das wirkt auch anerkennend.

- Und schließlich kann es auch sein, dass wir uns selbst auf die Schulter klopfen und Anerkennung zusprechen, sozusagen *»Lob von innen«* geben.

Diese letzte Variante hat einen großen Vorteil: Sie macht uns unabhängig von allen anderen nicht beeinflussbaren Formen der Anerkennung.

Anerkennung von innen – die Unabhängigkeitserklärung

Bestimmte Berufsgruppen beziehen ihre Motivation zu beachtlichen Teilen aus innerer Belohnung: Wissenschaftler, Künstler oder auch Unternehmer gehören dazu. Freilich setzt diese Form der Anerkennung eines voraus: ein stabiles Selbstvertrauen. Wer damit durchs (Arbeits-)Leben geht, so die Psychotherapeutin Melanie J. V.

Fenell, scheut sich nicht vor Neuem, der sucht Herausforderungen und geht diese in der Überzeugung an, eine passable Lösung zu finden. Selbstvertrauen schafft eine hohe Frustrationstoleranz und Durchhaltevermögen, Niederlagen werden eher als Chancen begriffen und Misserfolge führen allenfalls zu einem kurzen Innehalten, aber nicht zur Aufgabe.

> **!** Wo Selbstvertrauen ist, kommt die innere Anerkennung nicht
> zu kurz.

Das Problem ist nur: Nicht jedem ist ein derart hohes Maß an Selbstvertrauen gegeben. Viele zweifeln an ihren Fähigkeiten und gehen aus Angst vor Misserfolgen schwierige Herausforderungen gar nicht erst an. Kollegen und Vorgesetzte neigen dann dazu, solche Mitarbeiter zu unterschätzen und ihnen eine nur geringe Kompetenz zuzutrauen. Weil niemand für sie trommelt – am wenigsten sie selbst –, bleiben sie gewissermaßen unentdeckt und haben keine Gelegenheit zu zeigen, was sie eigentlich können. Damit bleibt aber auch ein Faktor aus, auf den Menschen mit schwächerem Selbstbewusstsein ganz besonders angewiesen sind: Bestätigung von außen. Ein Teufelskreis also: Zweifel am eigenen Können führt zu Untätigkeit, die Anerkennung von außen bleibt aus, das Selbstwertgefühl bekommt wieder eine kleine Delle mehr.

In Bezug auf den Beruf können ein paar einfache Überlegungen dazu führen, mehr Vertrauen in die eigenen Fähigkeiten zu gewinnen – und sich dann auch selbst mehr Anerkennung für besonders gute oder auch einfach nur alltägliche Leistungen zuzugestehen.

Was kann ich besonders gut?

Geht es darum, dem Selbstwertgefühl Nahrung zu geben, kann es wieder sehr hilfreich sein, den Fokus auf die eigenen Stärken zu richten. Das entspricht natürlich so rein gar nicht der üblichen Betrachtungsweise: Oft sehen wir uns nur mit dem konfrontiert, was wir nicht beherrschen. Aber wie bereits dargestellt: Beruflicher Erfolg – und damit Anerkennung – basieren eher auf einer Stärkung dessen, was Sie schon können, als auf einer Bekämpfung Ihrer Schwächen. Wenn Sie Ihre Stärken vorher schon notiert haben, dann nehmen Sie diese Liste doch nochmals zur Hand – es ist auch eine Liste der Punkte, für die Sie sich selbst auf die Schulter klopfen können.

Nach eigenen Kriterien arbeiten

Will man sich selbst für eine Leistung belohnen, so erscheint es hilfreich, sich selbst erst mal über die Faktoren, nach denen Erfolg oder Misserfolg beurteilt werden, klar zu werden, ebenso wie über die Frage, was eigentlich ein Erfolg ist. Geht es darum, mit einer Tätigkeit möglichst viel zu verdienen? Ist es Ihr Ziel, eine möglichst hohe Resonanz bei Vorgesetzten, Kunden oder der Fachpresse zu erreichen? Oder können Sie zufrieden sein, wenn Sie Ihre Tätigkeit mit maximalem Einsatz und dem für Sie bestmöglichen Resultat abschließen? Wenn also in der Tätigkeit selbst schon der Sinn liegt und es vielleicht auf die objektive Güte des Ergebnisses gar nicht mehr ankommt?

Oder ist ein Erfolg für Sie nur ein abgeschlossenes Projekt, der ersehnte Karrieresprung oder eine hohe Jahresprämie? Vielleicht aber ist es auch ein Erfolg, wenn Sie die vielen Kundengespräche am Tag erfolgreich und höflich absolvieren, wenn die Ablage erledigt, alle Termine eingehalten und die frustrierte Kollegin mit ein paar netten Worten aufgemuntert werden konnte?

Mit diesen inneren Kriterien, die Sie sich selbst setzen und die die äußeren Vorgaben nicht ersetzen, wohl aber ergänzen können, machen Sie sich ein wenig frei vom Zwang des großen, manchmal zu großen Ziels und haben die Möglichkeit, sich immer wieder selbst Anerkennung zu zollen.

Für Notfälle: Der Blick über den beruflichen Tellerrand

Wir definieren uns nicht nur über unseren Beruf – und genauso wird auch unser Selbstwertgefühl nicht nur über den Job definiert. Phasen, in denen das Berufsleben vielleicht nicht genügend Anknüpfungspunkte gibt für ausreichend Anerkennung und in denen unsere Work-Life-Balance vielleicht auf besonders unsicherem Boden steht, können Anlass sein, verstärkt auf die anderen Bereiche zu blicken. Auf ein Hobby, das Sie mit Freude ausüben, eine Sportart, in der Sie besondere Leistungen bringen (oder die einfach nur Spaß macht und gut läuft), auf ein gelungenes Familienleben etc. Eine Art »selbstwertstärkender Perspektivenwechsel«, der allerdings eines voraussetzt: das Vorhandensein anderer Perspektiven. Anders gewendet: Wer sich über Jahre oder Jahrzehnte nur über den Job definiert und für anderes keine Zeit findet (oder finden will), der tut sich im Jobfrust mit der inneren Anerkennung vielleicht um einiges schwerer als jemand, der kontinuierlich auf eine ausgeglichene Balance zwischen den einzelnen Lebensbereichen achtet und mehrere Bereiche zur Auswahl hat, in denen er seinem Selbstwertgefühl auf die Sprünge helfen kann. So sorgen Sie mit einer möglichst ausgeglichenen Lebensweise auch einem beruflichen Anerkennungsdefizit vor – nicht der schlechteste Anlass, sich immer wieder mit Work-Life-Balance zu beschäftigen.

Familie und soziale Kontakte

Die Familie und das soziale Umfeld sind nicht nur in Krisen, sie sind überhaupt für unsere Lebensbalance von entscheidender Bedeutung. Es sind im Wesentlichen vier Aspekte, die diesen Bereich prägen:

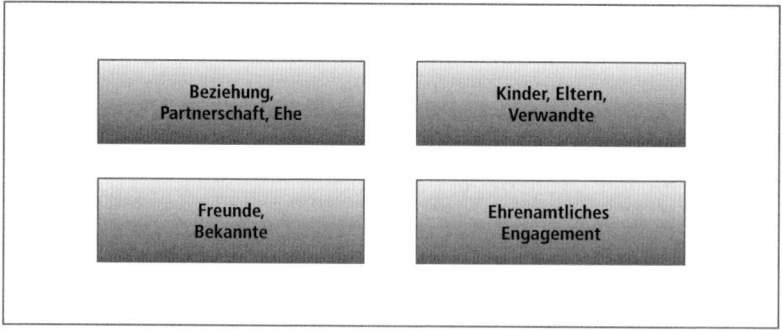

Beziehungsbalance

Oft scheint es ein einziges Drama zu sein: Millionen Menschen sind auf der Suche nach einem Partner. Mit dem wollen sie das ganz besondere Gefühl der Liebe erleben. Millionen sind glücklich, wenn sie einen Partner finden, und tun sich zusammen, weil sie sich lieben. Und dann? Millionen trennen sich mehr oder weniger schnell wieder, weil sie das Gefühl füreinander verloren haben, weil sie aneinander vorbeireden, sich ständig streiten – und weil sie sich so gegenseitig das Leben zur Hölle machen. Jede dritte Ehe scheitert, in Großstädten sogar jede zweite. Tendenz steigend.

Anfangs war sicher guter Wille da und die gemeinsame Liebe wurde glorifiziert. Doch das allein reicht leider nicht. Immer wieder stirbt die Liebe, trotz bester Absichten. Im Namen der Liebe läuft viel schief. Sie scheint ein weites Feld für Irrwege und Tummelplatz wiederholter Missverständnisse zu sein. Warum nur? Psychologen mögen Ihnen dafür unzählige Gründe nennen. Hier zwei der wohl entscheidendsten Ursachen:

- *Männer sind anders, Frauen auch.* So lautet der Titel des Weltbestsellers des amerikanischen Paartherapeuten John Gray. Er hat den Stoff, aus dem der Streit der Geschlechter entsteht, mit fulminantem Erfolg auf den Punkt gebracht. Frauen reden gern (nach Ansicht der Männer zu viel) und brauchen bei Problemen in erster Linie Mitgefühl. Männer schweigen lieber (worunter Frauen oft leiden) und bieten bei Problemen sofort Lösungen an, statt einfach erst einmal zuzuhören. Männer und Frauen verwenden zwar dasselbe Vokabular, aber das hat für beide meist völlig andere Bedeutungen. Und sie machen sich nicht nur auf unterschiedliche Art verständlich, sondern sie denken, lieben und freuen sich auch anders. Außerdem nehmen sie ihre Umwelt grundverschieden wahr und haben grundverschiedene Bedürfnisse. – All das wäre kein Drama, wenn sich Mann und Frau dieses Unterschieds bewusst wären. Wenn Männer und Frauen verstehen würden, dass sie sich (von selbst) nicht verstehen, dann könnten sie anfangen, sich zu verstehen. Solange sie aber ignorieren, dass sie ihrem Wesen nach verschieden sind, und solange Männer von Frauen erwarten, dass sie wie Männer denken und reagieren – und umgekehrt –, so lange wird es Missverständnisse, Verständigungspannen und Beziehungsprobleme geben, wohin wir auch schauen.

■ *Wir wissen gar nicht, wie Beziehung funktioniert.* Wir haben es in den seltensten Fällen gelernt. Wir tun aber alle so, als wüssten wir es. So fällt uns erst dann auf, dass wir eigentlich gar nichts wissen, wenn das Beziehungsschiff in Flammen steht (oder schon gesunken ist). Beziehungsmanagement ist im Zeitalter von Individualität und Selbstverwirklichung ähnlich schwierig wie Unternehmertum in sich ständig wandelnden Märkten. Aber:

> ❗ Auch wenn es nicht leicht ist, so ist es doch erlernbar, wenn
> ● wir uns die Mühe machen, ein paar Grundprinzipien der Dynamik zwischen Paaren zu verstehen und anzuwenden.

Die folgenden Strategien sollen Ihnen dabei helfen.

Beziehungsfördernde Strategien

In jeder Beziehung geht es um die *Balance zwischen eigenem und gemeinsamem Lebensraum.* Eine gesunde Partnerschaft erfordert, dass jeder *genügend Raum für sich selbst* hat, in dem er für sich sorgt, und dass zusätzlich *ausreichend Raum für gemeinsames Erleben und Gestalten* bleibt – sonst geht früher oder später jeder nur noch seinen Interessen nach und die Entfremdung wird immer größer.

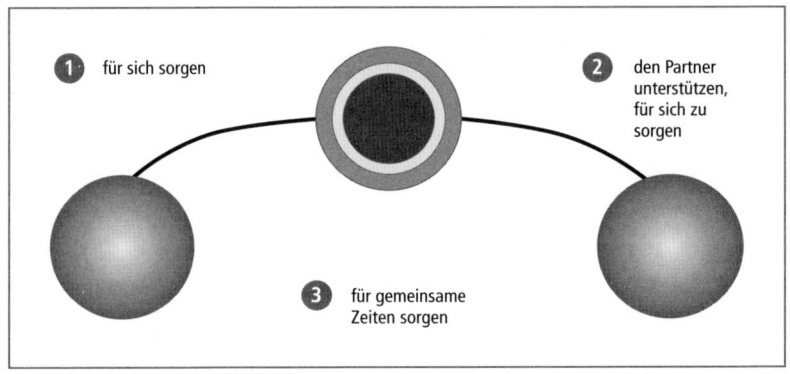

Für sich selbst sorgen – und für andere

Ulrich hatte vor längerer Zeit die Balance in seinem Leben verloren. Er befürchtete, seine kleine Welt könnte einstürzen, als er sich endlich eine Auszeit gönnte. Er nahm an einem Wochenendseminar teil und hoffte auf Einsichten – und vor allem auf einen Ausweg aus der privaten Katastrophe, die sich anbahnte. Am ersten Abend fand er sich im Wald wieder, zusammen mit ähnlich betroffenen Leuten. Sie standen im Kreis, sollten Vertrauen finden und einander, wenn sie wollten, ihre Geschichte erzählen. Und so erzählte auch Ulrich von seiner Arbeit, seiner Frau, seiner kleinen Tochter.

Er war dreiundvierzig Jahre alt, seit sechs Jahren verheiratet, Architekt. Seinen Job erlebte er als anstrengende, unendliche Mühle, oftmals musste er auch noch am Wochenende ran. Klar, er vernachlässigte Familie und Freunde. Manchmal stöhnte er: »Das alles frisst mich langsam auf.« Aber er schuftete weiter, Pensum erledigen, Disziplin, Verantwortung für andere – das war seine Welt. »Ich will doch nur, dass es meiner kleinen Familie gut geht.« Doch es lief nicht gut, im Gegenteil, es lief ziemlich schlecht. Noch war nichts Schlimmes passiert, noch nicht. Aber er spürte, wie seine Frau sich ihm entzog, mehr und mehr. Sie redeten kaum noch miteinander und machten so gut wie nichts mehr gemeinsam. Auch für seine Tochter blieb kaum Zeit. Ja, manchmal fremdelte die Kleine schon, wenn der Papa sie auf den Arm nehmen wollte.

Unvermittelt traf ihn die Frage des Seminarleiters: »Wer ist die wichtigste Person in Ihrem Leben?« – Er antwortete spontan: »Natürlich meine Frau!« – »Wirklich?«, kam es zurück. Ulrich war irritiert, dachte noch einmal nach und korrigierte sich: »Nein, stimmt nicht, ich glaube der wichtigste Mensch in meinem Leben ist meine Tochter.« – »Wirklich?«, fragte dieselbe Stimme erneut. Diesmal wollte er sich nicht beirren lassen, und fast ein wenig trotzig sagte er: »Ja, meine Tochter ist am wichtigsten für mich – wer denn sonst?« – »Wirklich?«, fragte der Trainer zum dritten Mal. »Und was ist mit Ihnen? Sind nicht Sie die wichtigste Person in Ihrem Leben?« – Wie ein Blitz durchfuhr es Ulrich: Ja, er hatte recht. Und wie recht er doch hatte! Wieso hatte er dies nicht schon viel früher erkannt?

! **Verdeutlichen Sie sich: »Ich bin die wichtigste Person in meinem Leben!«**

Diese Erkenntnis, so banal sie sein mag, ist fundamental wichtig für jeden, der zufrieden und glücklich leben möchte. Und nicht nur für ihn, sondern auch für die Menschen, die mit ihm leben. Jeder von uns muss sich klarmachen: »Erst muss ich *gut für mich selbst sorgen* und mit mir richtig umgehen, dann kann und werde ich *auch mit anderen richtig umgehen.* Wenn ich das nicht tue, bleiben meine grundlegenden Bedürfnisse unbefriedigt. Meist erwarte ich dann von anderen, dass sie für mich tun, was nur ich für mich tun kann.« In der Praxis bedeutet das:

■ *Sorgen Sie immer wieder für sich selbst!* So gut Sie können, im Großen wie im Kleinen. Tun Sie das, was Ihnen persönlich guttut, das, wobei Sie auftanken und zu sich selbst finden (eine ganze Reihe von Anregungen finden Sie im vierten Teil mit den zehn Stabilisatoren). Oft genügt schon »eine Minute für mich« (wie der Titel von Spencer Johnsons Bestseller). Nehmen Sie sich immer wieder diese kurze Zeit, um anzuhalten und innezuhalten und um Ausschau zu halten, wie *Sie* am besten für sich sorgen können. Und je mehr Sie lernen, für sich zu sorgen, umso besser wird es Ihnen gehen – und Ihrer Umwelt. Denn einen ausgeglichenen und zufriedenen Menschen an seiner Seite zu haben ist eine große Bereicherung! Je besser es Ihnen geht, umso besser wird es Ihrer Beziehung gehen. Und umso besser können Sie auch für Ihre Familie da sein. Denn der zweite Teil des Rates lautet:

■ *Unterstützen Sie auch andere darin, für sich zu sorgen!* Sie können einem anderen Menschen nicht seine Probleme abnehmen oder ihn aus seiner Unzufriedenheit herausführen – das kann keiner, kein Coach, kein Therapeut, kein Guru. Aber Sie können Ihren Partner *unterstützen*, zum Beispiel durch die Frage: »Was wirst du heute für dich selbst tun?« Und natürlich können Sie ihn durch Ihren zeitlichen oder finanziellen Einsatz unterstützen, etwas Gutes für sich zu tun. Etwa indem Sie die Kinder übernehmen und dem Partner einen Saunabesuch ermöglichen oder gar ein Wochenende allein in einem Wellnesshotel. – Je mehr Sie dem Partner helfen, für sich zu sorgen, desto mehr werden Sie davon profitieren.

Gemeinsame Zeiten

Gemeinsame Zeiten halten Ihre Beziehung am Leben! Ohne sie kann das Band der Liebe schnell verloren gehen, während Entfremdung und Frust kontinuierlich zunehmen. Vor allem drei gemeinsame Zeiten sind für die Qualität einer Beziehung von Bedeutung: gemeinsame Planungszeiten, gemeinsame Gesprächszeiten und immer wieder gemeinsame »Hoch«-Zeiten.

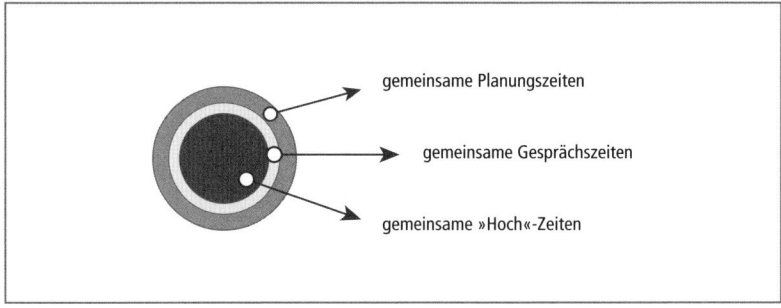

gemeinsame Planungszeiten

gemeinsame Gesprächszeiten

gemeinsame »Hoch«-Zeiten

Was ist damit gemeint?

Planen Sie gemeinsam! Denken Sie an die Zeiten, die Sie zusammen verbringen wollen, genauso wie an die Zeiten, in denen Sie beruflich belegt sind oder Raum für sich und Ihre Interessen haben wollen. Stellen Sie Ihren Partner nicht vor vollendete Tatsachen, erst recht nicht im letzten Moment. Zu schnell bekommt er das Gefühl, Spielball Ihrer intransparenten Planung zu sein, und zu schnell werden Sie der (An-)Klage begegnen: »Du hast ja nie Zeit für mich – du machst ja eh, was du willst!« Nehmen Sie sich – am besten wöchentlich, aber wenigstens einmal monatlich – die Zeit, Ihre Termine abzustimmen: Ihre auswärtigen Verpflichtungen, gemeinsamen Einladungen und Unternehmungen und jeweils Zeiten für sich. Was gemeinsam besprochen und vereinbart wurde, kann sich später kaum in einen Vorwurf verwandeln. – Außerdem fördert es den Teamgeist und das Gefühl der Gleichberechtigung in der Partnerschaft.

Nehmen Sie sich Zeiten, um miteinander zu reden! So eigenartig dies klingen mag. Ein deutsches Paar redet im Durchschnitt nur zwei Minuten täglich miteinander über sich. Gemeint ist damit das Sprechen über wesentliche Dinge, die einen selbst und die Beziehung betreffen. Leider gehen diese für jede Partnerschaft so essenziellen Themen in der Hektik des Alltags zu leicht unter. Am Abend fallen sie dann meist der Müdigkeit oder dem Fernsehprogramm zum Opfer. Der Beziehungsspezialist Michael L. Möller rät in seinem Buch »Die Wahrheit beginnt zu zweit« zur bewährten Methode des »Zwiegesprächs« nach einer festen Grundordnung. Eine Grundordnung, die am Anfang etwas befremden mag, die einzuhalten sich aber für die Qualität dieser Gespräche und damit für die Beziehung wirklich lohnt.

Die optimale Grundordnung der Zwiegespräche	
Wann?	Nehmen Sie sich *mindestens einmal pro Woche* eine ungestörte Auszeit, zu einer *festen Zeit*, am besten *anderthalb Stunden*. Die Regelmäßigkeit ist das Geheimnis des Erfolgs. Eine Stunde ist auch in Ordnung (weniger besser nicht), zwei Stunden sind optimal – am wichtigsten ist es, sich gemeinsam auf eine bestimmte Zeitspanne zu einigen. Vereinbaren Sie einen »Jour fixe« für das Reden zu zweit, sonst kommen Sie nicht dazu. Spontane Zwiegespräche einmal pro Woche sind noch kaum einem Paar auf Dauer gelungen.
Wo?	An einem *ungestörten* Ort, an dem keine Unterbrechungen durch Telefon, Kinderwünsche und Überraschungsbesuche zu erwarten sind.
Worüber?	Jeder spricht über das, *was ihn bewegt:* wie er sich, den anderen, die Beziehung und sein Leben erlebt. Das heißt, jeder bleibt bei sich, ohne sogenannte »Kolonialisierungsversuche« beim Partner zu unternehmen. Jeder entscheidet für sich, was und wie viel er zu einem Thema erzählen will.
Wie?	Jeder spricht nur von dem, was er wahrnehmen und fühlen kann (also *ohne Bewertungen und Unterstellungen*). Ausgeschlossen sind außerdem Schuldzuweisungen und moralische Verurteilungen. Wünsche sollten als Bitten und nicht als Forderungen geäußert werden. – Alles nicht leicht zu befolgen, aber essenziell für gute Paargespräche!
Wie viel?	Reden und Zuhören sollten möglichst gleich verteilt sein. Und wer zuhört, redet nicht und fragt auch nicht dazwischen.

Solche gemeinsamen Gesprächszeiten auszuprobieren mag viel Überwindung kosten. Doch in erster Linie nur, weil es uns so ungewohnt und konstruiert erscheint. Wie viel leichter lassen sich doch zwei, drei, ja auch vier Stunden vor dem Fernseher verbringen, als mit seinem Schatz – noch dazu in einem festen Setting und nach bestimmten Regeln – über Gefühle und die Beziehung zu sprechen. Das ist mehr als verständlich. Doch das hilft Ihnen und Ihrer Beziehung nicht weiter. Die einzige Frage ist, wie arg es um Ihre Partnerschaft schon stehen muss, bevor Sie einfach ausprobieren, was solch ein Zwiegespräch Ihnen bringen kann.

Lassen Sie der Hochzeit viele gemeinsame »Hoch«-Zeiten folgen. Selbst wenn es keinen Trauschein gibt.

> **»Hoch«-Zeiten sind die für jede Beziehung so lebenswichtigen Höhepunkte, in denen Sie *mit Ihrem Partner unbeschwert allein* sein können, um mit einem gewissen Abstand zum Alltag *gemeinsam etwas zu erleben, zu genießen, Neues zu entdecken.***

Planen Sie immer wieder romantische Abende zu zweit in einem guten Restaurant oder Konzert. Lassen Sie sich etwas Besonderes einfallen. Ein Überraschungsfest oder eine kleine Reise. Übers Wochenende oder für eine ganze Woche. In die Berge oder nach Berlin, nach Capri oder Cuxhaven, New York oder Südtirol – egal, wohin. Hauptsache, nur Sie und Ihr Schatz allein. Vielleicht können Sie die Kinder bei den Großeltern oder bei Freunden lassen. – Erfinden Sie Ihre eigenen »Hoch«-Zeiten! Solche kleinen Ereignisse können auch nach vielen Jahren noch große Wirkung haben und die Beziehung immer wieder von Neuem beleben. Wie also schaut es bei Ihnen aus?

Was könnte ich zur Verbesserung oder Bereicherung meiner Beziehung tun?

Kinder – Eltern – Verwandte

In vielen Kulturkreisen zählen die Familienbande zu den stärksten Verbindungen im Leben eines Menschen. Und auch wenn der Zusammenhalt der Großfamilien in unserem Kulturkreis immer mehr zerfällt, so ändert dies nichts an der Tatsache, dass neben dem Lebenspartner die Blutsverwandten die wohl am nächsten stehenden Personen für uns sind – neben den Eltern und Verwandten natürlich in erster Linie die eigenen Kinder.

Kinder: Bereicherung und Aufgabe

Kinder sind ein Geschenk, aber auch eine große Aufgabe. Kinder brauchen Schutz und Orientierung. Vor allem brauchen Kinder Zeit, Empathie und Förderung.

Zeit für Kinder

Zeit für sie haben ist für die Kinder genauso wichtig wie Nahrung, Kleidung und ein Zuhause. Zeit bedeutet Zuwendung und ist eines der wichtigsten kindlichen Grundbedürfnisse. Das ist für viele Eltern gar nicht so leicht zu leisten. Viele parken ihre Kinder lieber vor dem Fernseher. Abgesehen von der schädlichen Wirkung übermäßigen Fernsehkonsums bekommen Kinder beim Fernsehen das Wichtigste nicht: persönliche Zuwendung. – Wer keine Zeit für seine Kinder hat, vergisst, dass diese Zeit für Eltern wie für Kinder unwiederbringlich ist. Denn irgendwann sind die Kinder keine Kinder mehr – sie gehen aus dem Haus und ihren eigenen Weg. Und die niedlichsten Enkelkinder können die eigenen Kinder nicht ersetzen! Darum: Nehmen Sie sich so viel Zeit wie möglich: zum Spielen, zum Vorlesen und für gemeinsame Unternehmungen.

- *Zeit zum Spielen.* Dabei können wir von den Kindern viel lernen. Wie sie sich für das, was sie gerade tun, begeistern können. Wie sie ganz im Hier und Jetzt, nur für den Augenblick leben. Wie sie in eigene Fantasiewelten eintauchen und sich an Kleinigkeiten freuen können. Wir sollten immer wieder mal wie Kinder werden, am besten zusammen mit unseren Kindern.

- *Zeit zum Vorlesen.* Geschichten erweitern den Horizont, fördern die sprachliche Entwicklung, die Konzentrations- und die Merkfähigkeit, erklären die Welt. Kinder brauchen Bücher. Und damit sie lesen lernen, müssen sie so früh wie möglich den Spaß am Text kennenlernen. Das gelingt am leichtesten, wenn sie schon zu Hause (lange vor der ersten Klasse) mit Büchern in Berührung gekommen sind und erlebt haben, wie viel Freude, Spannung und Trost diese bereithalten. Hierzu ist es erforderlich, den Kindern so früh wie möglich und regelmäßig vorzulesen. Die Liebe zu Büchern beginnt (wie andere Erfahrungen eines glücklichen Lebens) im Elternhaus. Wer als Elternteil mehrere Stunden vor dem Fernseher verbringt, müsste eigentlich auch jene Stunde Vorlesezeit finden.

- *Zeit für gemeinsame Unternehmungen.* Zeigen Sie Ihren Kindern die Welt. Entdecken Sie sie gemeinsam bei Museums-, Theater- und Konzertbesuchen, bei Wanderungen, Ausflügen, Reisen und Sportaktivitäten. Es gibt so viele Dinge, bei denen Kinder begeistert mitmachen und mithelfen. Auch Kleinigkeiten können ein Erlebnis sein. Für meinen damals zweijährigen Sohn war es immer eine Riesenfreude, mit mir im Auto durch die Waschanlage zu fahren. Tagelang sprach er mit leuchtenden Augen von »große Bürste, Auto-Föhn« ... – Zeigen Sie Ihren Kindern die Welt, solange sie sich diese von Ihnen noch zeigen lassen!

Verbringe ich genügend Zeit mit meinem Kind / meinen Kindern? Was könnte ich verbessern?

Die Kraft der Empathie – oder »voll coole« Kommunikation mit Kids
Nehmen wir an, Sie fliegen in den Urlaub. Und Ihr Kind quengelt, weil es sein Stofftier zum Schmusen haben will. Doch das ist im Koffer und der Koffer ist eingecheckt. Was tun? – Genau das ist John Gottman passiert, dem amerikanischen Professor für Psychologie und Autor des Buches »Kinder brauchen emotionale Intelligenz«. Darin beschreibt er, wie es weiterging: »Ich will Zebra«, jammerte seine zweijährige Tochter. – »Ich weiß, Schatz. Aber Zebra ist nicht hier, es ist im Gepäckraum, und Papa kann es nicht holen, bevor wir aussteigen. Es tut mir leid.« – »Ich will Zebra, ich will Zebra!«, schluchzte die Kleine.

Dann begann sie zu weinen. Ihr Vater holte aus einer Tasche ein Buch, um daraus vorzulesen. Doch es nützte nichts, das Töchterlein wollte das Zebra. Nur das Ze-

Empathie heißt Verständnis zeigen.

bra. Und schrie. Ein paar Passagiere schauten schon vorwurfsvoll. Professor Gottman fühlte sich elend. Dann besann er sich darauf, dass er ja eigentlich Spezialist für emotionale Intelligenz war. Das Zebra konnte er nicht herzaubern, aber den Trost des Vaters: »Du möchtest Zebra jetzt gleich haben?« – »Ja«, erwiderte sie traurig. Mit Empathie und weiteren Fragen tastete er sich an das Dilemma der Kleinen heran. »Wir können Zebra jetzt nicht holen, weil es woanders ist. Deshalb bist du enttäuscht?« – »Ja«, seufzte sie. – »Das tut mir wirklich leid«, schloss er ab und sah, wie sich das Gesicht seiner Tochter entspannte. Sie klagte noch ein paarmal leise und wurde ruhiger. Dann schlief sie ein. Die Erklärung des Professors: Sie hatte verstanden, dass Papa das Zebra nicht besorgen konnte, aber weil er sich nicht aus der Fassung bringen ließ, sondern Verständnis zeigte, schien sie sich besser zu fühlen.

Empathie, diese Fähigkeit, sich in die Lage zu versetzen, was ein anderer Mensch fühlt, und entsprechend zu reagieren, ist nicht einfach, doch kann sie jeder trainieren. Nach John Gottman geht dies wie folgt:

Emotionstraining mit Kindern in fünf Schritten

1 Werden Sie sich der Gefühle des Kindes bewusst.	Entwickeln Sie eine Antenne für die Emotionen anderer. Bei Kindern ist das nicht immer einfach, denn sie drücken ihre Gefühle und Ängste oftmals verschlüsselt aus, zum Beispiel in Fantasiespielen, selten direkt. Wichtig ist: Kinder haben immer Gründe für ihre Emotionen. »Wenn wir feststellen, dass unsere Kinder wegen eines scheinbar bedeutungslosen Vorfalls wütend werden, kann es hilfreich sein, zurückzutreten und das Gesamtbild ihres täglichen Lebens zu betrachten.«
2 Erkennen Sie Emotionen als Gelegenheit für Nähe und Unterweisung.	Gerade wenn ein Kind traurig, wütend, ängstlich ist, braucht es die Eltern besonders dringend. Wenn wir die kindlichen Emotionen anerkennen, helfen wir ihm dabei, zu lernen, sich selbst zu beruhigen. Was ihnen lebenslang von Nutzen sein wird.
3 Hören Sie dem Kind mitfühlend zu und bestätigen Sie seine Gefühle.	Mitfühlendes Zuhören ist für Gottman das A und O. Begeben Sie sich auf Augenhöhe. Geben Sie wieder, was Ihnen Ihr Kind mitteilt. Geben Sie keine Anweisungen, sondern ermöglichen Sie dem Kind, eigene Antworten zu finden. Wenn Sie von eigenen, ähnlichen Erfahrungen berichten, kann das wirkungsvoll Ihr Verständnis demonstrieren.
4 Helfen Sie dem Kind, seine Gefühle in Worte zu fassen.	»Du bist sehr traurig, nicht?« So ein simpler Satz kann schon helfen, ein weinendes Kind zu beruhigen. Je präziser ein Kind seine Gefühle selbst ausdrücken kann, umso besser. Sie sollten Ihrem Kind allerdings nie erklären, wie es sich gerade fühlen sollte.
5 Setzen Sie Grenzen und helfen Sie, ein Problem zu lösen.	Eltern sollten für ihre Kinder Regeln aufstellen. Zu große Toleranz führt nur zu Verhaltensweisen, die Sie nicht akzeptieren können. Wenn ein Problem gelöst werden soll, fragen Sie, was das Kind eigentlich will (Ziel). Denken Sie gemeinsam über Lösungen nach (Brainstorming). Prüfen Sie die vorgeschlagenen Lösungen auf der Basis Ihrer individuellen Wertvorstellungen. Und helfen Sie schließlich Ihrem Kind dabei, selbst eine Lösung auszuwählen und in die Tat umzusetzen.

So also kann Empathie funktionieren. Wenn wir uns bemühen, unsere Kinder zu verstehen, fühlen sie sich unterstützt. Es ist ganz wichtig für ihr Vertrauen, dass sie wissen: Wir sind auf ihrer Seite. Die verheerendsten Fehler, die jede Empathie zerstören, sind dagegen:

Fünf Empathie zerstörende Fehler im Umgang mit Kindern:

- Sarkasmus
- Verachtung beziehungsweise verächtliche Kommentare
- Abwertende Kommentare
- Drohungen
- Körperliche Züchtigung

Eltern und Verwandte

Hundertjährig spottete der Schauspieler George Burns: »Glück bedeutet, eine große, liebevolle, eng verbundene Familie zu haben – in einer anderen Stadt.« Das Verhältnis zu Eltern und Verwandten ist selten unkompliziert und oft konfliktträchtig. Aber Familie kann auch Geborgenheit bedeuten sowie Zusammengehörigkeit und Solidarität vermitteln.

Das gilt besonders für *das Verhältnis zu den Eltern*. Dieses ist zwar häufig mit widersprüchlichen Gefühlen, mit Schuld, Zorn, Abhängigkeiten belastet, aber auch von inniger Verbundenheit, Dankbarkeit und Liebe geprägt. Und es ist naturgemäß – ob Sie es wollen oder nicht – ganz besonders intensiv und hält ein Leben lang. Auch wenn es mit manchmal schweren Aussprachen und der Klärung von Verdrängtem verbunden sein kann, lohnt es sich, alles zu unternehmen, um weiterhin oder wieder ein gutes Verhältnis zu den Eltern zu bekommen. Pflegen Sie also diesen Kontakt. Versuchen Sie so gut wie möglich, Ihren Eltern das Leben zu erleichtern. Respektieren Sie die Eltern so, wie sie sind, mit ihren Ansichten und ihrem Lebenstempo, das in einer rasanten Welt oft nicht mehr Schritt halten kann. Sprechen Sie offen mit ihnen und hören Sie ihnen zu. Sie müssen ja nicht jeden Rat befolgen. Und wenn sie räumlich auf Distanz leben, versuchen Sie, im Inneren die Verbindung lebendig zu halten.

Arrangieren Sie sich außerdem mit der lieben *Verwandtschaft*. Früher traf sich die ganze Sippe regelmäßig und vollzählig zum Sonntagskaffee. Keine schlechte Sitte, doch heute kaum mehr durchführbar. Und wenn es kein anderer tut: Warum organisieren Sie nicht gelegentlich einen Großfamilientag oder nutzen ein besonderes Ereignis zum Familienfest? Das kann ein guter Ansatz sein, den Zusammenhalt zu verbessern.

Freunde, Bekannte & Co.

Freunde, Bekannte und ein gutes Netzwerk sind neben der Familie die wichtigsten Säulen im zwischenmenschlichen Kontakt. Menschen, die in diesem Bereich investieren, werden mit einem hohen Maß an Widerstandskraft und Resilienz entlohnt.

Freunde

Je mehr die Familienbande an Stabilität verlieren, je mehr Menschen allein leben, desto wichtiger werden gute Freunde. Sie sind das soziale Netz und das warme Nest des modernen Menschen. Für viele sind Freunde so etwas wie die neue Familie oder zumindest wichtige Wahlverwandte geworden. Freunde geben uns Geborgenheit und Sicherheit und können Helfer in vielen Lebenslagen sein. Selbst wenn mit den Jahren die Zahl der Bekannten wächst: Diejenigen, mit denen man wirklich tief verbunden ist, werden oft weniger. Nehmen Sie sich also immer wieder Zeit für Ihre Freunde: für gemeinsame Unternehmungen, für ein Abendessen oder auch nur auf ein Glas Wein. Rufen Sie sie immer wieder an, schicken

Sie eine E-Mail oder eine Urlaubspostkarte und vergessen Sie die Geburtstage nicht! Pflegen Sie Ihre Freundschaften und gewinnen Sie neue Freunde dazu.

Und je leichter es Ihnen fällt, Freunde zu finden, desto besser werden Sie im Networken.

Bekannte & Co. – oder: Meisterschaft im Networking

Gute Beziehungen schaden nur dem, der sie nicht hat. Beziehungen bereichern. Früher traf man sich in Clubs oder Handwerkerzünften. Gute Beziehungen heißen heute auf Neudeutsch Network. Networking ist mehr als nur Visitenkarten sammeln und sich an jemanden erinnern, wenn man ihn braucht.

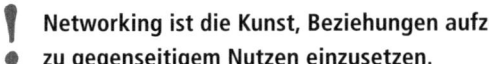 **Networking ist die Kunst, Beziehungen aufzubauen und sie zu gegenseitigem Nutzen einzusetzen.**

Ein gutes Beziehungsnetz kann in vielen Situationen gewinnbringend sein, geschäftlich und privat. Je mehr Kontakte Sie haben, umso eher wird es einen Menschen geben, der Ihnen eventuell aus der Klemme helfen kann. Wichtig ist allerdings:

■ Fragen Sie sich nicht nur: »Wo kann mich ein anderer weiterbringen?«

■ Fragen Sie sich auch: »Wie kann ich anderen nützlich sein?«

Das Prinzip Geben und Nehmen
Netzwerke folgen dem Prinzip von Geben und Nehmen. Sie unterstützen andere, andere unterstützen Sie. Am besten: Sie geben, bevor Sie nehmen. Wenn Sie anderen helfen, ist Ihnen ebenfalls geholfen, denn irgendwann sind auch Sie auf Hilfe angewiesen. Wenn Sie anfangen, Kontakte bewusster zu pflegen, sollten Sie keine Gegenleistung erwarten. Und akzeptieren Sie, dass sich echte Beziehungen nicht über Nacht aufbauen. Sie brauchen Vertrauen – und das dauert seine Zeit.

Wie Sie Ihr Beziehungsnetz verbessern können
Wenn Sie zum Meister im Networken werden wollen, könnten Ihnen folgende Tipps helfen:

■ *Überlassen Sie nichts dem Zufall.* Gehen Sie auf Leute zu, die Sie kennenlernen möchten. Werden Sie Mitglied in einem Verein. Streben Sie ein Ehrenamt an. Laden Sie gezielt Gäste ein. Lassen Sie sich dort sehen, wo sich Ihre Branche trifft. Besuchen Sie Seminare und Vorträge.

■ *Pflegen Sie alte Beziehungen.* Es gibt so viele Möglichkeiten dazu. Treffen Sie »Ehemalige« wieder, also Mitschüler, Kollegen, Kunden, Menschen, mit denen Sie in der Vergangenheit engeren Kontakt hatten. Kultivieren Sie Freundlichkeit und Hilfsbereitschaft.

■ *Führen Sie eine Adresskartei.* Notieren Sie darin wichtige Details, um Anknüpfungspunkte zu haben.

- *Nutzen Sie den Kalender kreativ.* Telefonieren Sie, schreiben Sie, schicken Sie Glückwünsche und kleine Geschenke zu Geburtstagen und Feiertagen. Unterschätzen Sie solche scheinbar naheliegenden Aufmerksamkeiten nicht.

- *Verschicken Sie, zusammen mit einem Gruß, Hinweise* (Zeitungsausschnitte, Buchrezensionen), die den anderen vielleicht interessieren.

- *Melden Sie sich, wenn es dem anderen schlecht geht.* Damit heben Sie sich wohltuend aus der Masse der Schönwetter-Bekanntschaften ab. Wetten, auch Sie werden jene nicht vergessen, die für Sie da waren, als es Ihnen nicht so gut ging?

- *Drücken Sie Ihren Dank aus,* wenn man Ihnen einen Gefallen getan hat. Darin hat es Hillary Clinton zur Meisterschaft gebracht. Von ihr ist bekannt, dass sie sich jeden Tag eine gute Stunde Zeit nimmt, nur um Leute anzurufen – und sich zu bedanken.

Engagement tut gut

Der Mensch ist keine Insel. Das entdecken – zum Glück – immer mehr Menschen. Auch in unserer sogenannten Spaßgesellschaft packen zuhauf verantwortungsvolle Bürger mit an, individuell oder organisiert als »Ärzte für die Dritte Welt«, »Nestwärme«, »Freiwilligen-Agentur«, in der Flüchtlingshilfe oder als »Oma-Hilfsdienst«. Sie kümmern sich freiwillig um andere, um Straßenkinder, Behinderte, Alte und gestresste Mütter, um Flüchtlinge, Flutopfer, Obdachlose oder um Kranke in der Dritten Welt. Sie tun das alles ohne Bezahlung.

Stille Helden des Alltags: Sie engagieren sich zwar kostenlos, aber keineswegs umsonst. Denn so viel steht fest: Wer sich für andere oder eine gute Sache engagiert, tut auch etwas – nein, sehr viel – für sich. Schon Goethe hatte erkannt: »Nur der ist froh, der geben mag.« Es ist nun mal das Gleichgewicht von Geben und Nehmen, das uns in seelische Balance bringt. Sich zu engagieren, selbstlos zu helfen, sich in den Dienst für andere Menschen zu stellen: Auf den ersten Blick mag das vielleicht nur wenig einbringen. Doch soziales Engagement bringt sehr viel: Erstens erdet es. Zweitens qualifizieren Sie sich zusätzlich im Lebensbereich der sozialen Kompetenz. Schließlich kommen Sie mit Menschen in Berührung, mit denen Sie normalerweise kaum in Kontakt wären. Sie können also neue, wichtige, lehrreiche Erfahrungen machen. Sie können darüber hinaus die herzliche Dankbarkeit von anderen erleben. Und vielleicht spüren Sie an Leib und Seele, was so solide Begriffe wie Demut und Mut wirklich bedeuten.

»Wenn jeder dem anderen helfen wollte, wäre allen geholfen«, rechnete einst die kluge Dichterin Marie von Ebner-Eschenbach vor. Also:

❗ Der Lohn für soziales Engagement wird in der Währung
● **»innere Zufriedenheit« ausgezahlt.**

Dass Solidarität Glücksgefühle beschert, zeigt die Geschichte von Roseto. Die Bürger dieser Kleinstadt im Osten des US-Bundesstaats Pennsylvania verkörperten für Wissenschaftler lange Zeit ein Phänomen. In der ersten Hälfte des 20. Jahrhunderts waren sie wegen ihrer robusten Gesundheit aufgefallen: Sie schienen besonders zufrieden, keiner wurde kriminell, sie erkrankten seltener und lebten deutlich länger als der amerikanische Durchschnitt. Wie war das nur möglich?

Allesamt waren die Bürger als italienische Einwanderer aus Apulien gekommen. Doch statt gesunder Mittelmeerküche kochte man schon bald amerikanisch, eben richtig fett. Man arbeitete hart, viele rauchten. Und doch gab es einen entscheidenden Unterschied zu ihren amerikanischen Landsleuten – das war ihr Zusammenhalt.

In ihrer neuen Heimat pflegten sie die alten Rituale, drei Generationen lebten unter einem Dach, sie feierten zusammen Prozessionen und Kirchenfeste, trafen sich abends zum Spielen – und jeder war selbstverständlich für die Gemeinschaft da. Man half sich, wo und wann immer es ging.

Heute ist Roseto eine normale, typisch amerikanische Kleinstadt. Gediegener Wohlstand. Große Häuser, große Autos davor, Swimming-pool dahinter, Zäune drumherum. Die Menschen ziehen sich zurück. Die engen Beziehungen untereinander sind weitgehend verloren gegangen. Die Krankheitsrate und die Lebenserwartung der Bürger von Roseto haben sich dem statistischen Durchschnitt angepasst. Das Engagement Einzelner für andere ist zurückgegangen – und ebenso das Maß an Zufriedenheit und Glück. – Denn da gibt es einfach einen engen Zusammenhang!

Engagement für andere – leicht gemacht

Stellt sich noch die Frage, wie es geht, das Engagement für andere. Das ist gar nicht so schwer, es gibt unzählige Ansatzpunkte. Sie müssen nicht gleich für ein Jahr in eine Krisenregion dieser Welt gehen, auch wenn sich für den einen oder anderen der Einsatz für Hilfsbedürftige natürlich zur Lebensaufgabe entwickeln mag.

Ganz viele Möglichkeiten finden Sie im kleinen und überschaubaren Umfeld Ihres täglichen Lebens. Oft unterschätzt man, wie viel hier ohne großen finanziellen und zeitlichen Einsatz erreicht werden kann. »Ehrenamt« oder »Engagement für andere« klingt ja immer auch ein bisschen groß und erhaben, dabei sind es oft die einfachen Dinge, mit denen Sie anderen helfen können.

- Sie können zum Beispiel jemandem eine kleine unerwartete Freude bereiten, der Kollegin oder dem Kollegen im Büro, der alten alleinstehenden Nachbarin. Es braucht oft nur ein freundliches Wort, ein Lächeln, kurz mal klingeln und fragen, wie es geht. Probieren Sie das ruhig mal aus, Sie werden möglicherweise erleben, dass Sie sich danach ein gutes Stück besser fühlen, fast ein bisschen erhaben.

- Sie können sich auch einfach mal Zeit nehmen und jemandem zuhören, der Kummer hat oder einfach nur erzählen will.

- Versuchen Sie, ein kleines bisschen Ordnung in die Welt zu bringen – nein, dazu brauchen Sie keinen internationalen Konflikt zu lösen. Es reicht, eine Plastikflasche aufzuheben und in den nächsten Abfalleimer zu werfen. Die Ordnung, die Sie im außen herstellen, wirkt sich auch auf Ihr »Innenleben« aus.

- Sie können einen Streit schlichten oder den Ärger eines Kollegen / einer Kollegin auffangen – auch wenn es nicht um Ihren Zuständigkeitsbereich geht (es kann allerdings sinnvoll sein, sich dazu vorher die Erlaubnis bei den beteiligten Personen einzuholen, sonst könnte es als unerwünschte Einmischung gewertet werden).

- Oder Sie rufen einen Freund oder Bekannten an und teilen einfach nur kurz mit, dass Sie an ihn denken – zwecklos, aber nicht sinn- oder wirkungslos (eine SMS funktioniert natürlich auch).

Natürlich kann das Engagement für andere auch den Einsatz finanzieller Mittel umfassen. Spenden an Hilfsorganisationen, an örtliche Vereine, die Kirche, Sozialprojekte, für kulturelle Arbeit etc. – die Möglichkeiten sind grenzenlos. Beim Thema »Geld« sind die folgenden Aspekte nicht ganz unbedeutend:

- Es ist nicht so sehr entscheidend, wie viel Sie geben, sondern mit welcher inneren Haltung dies geschieht. Ob jemand für ein Hilfsprojekt eine Million oder 100 Euro spendet, mag objektiv einen großen Unterschied machen. Für Sie selbst aber ist entscheidend, dass Sie im Verhältnis zu Ihren Möglichkeiten einen gewissen Betrag einsetzen und dies aus Überzeugung tun, sozusagen »Ihr Bestes geben«.

■ Der Umfang dieses Engagements kann sich auch verändern – immer angepasst an die jeweiligen Möglichkeiten. Ob Sie sich nun an einer festen Prozentzahl Ihres Jahreseinkommens orientieren oder flexibel jedes Jahr neu entscheiden – es kommt darauf an, dass Sie sich mit der Entscheidung wohlfühlen und aus freien Stücken geben. Und für manch lokales Projekt können zehn Euro eine ganze Menge sein!

■ Wollen Sie Ihrem Engagement ein etwas formelleres Äußeres geben, kann es sinnvoll sein, sich in einem Verein oder einer Organisation zu betätigen und ein festes Amt oder eine Aufgabe zu übernehmen. Das kann im sozialen, politischen oder kulturellen Bereich sein, als ehrenamtlicher Gemeinderat, Leiter oder Mitarbeiter einer Hilfsorganisation (Feuerwehr, Sanitätsdienst), als Übungsleiter oder Linksaußen im Fußballverein, in der örtlichen Skigymnastiktruppe etc. – es gibt unendlich viele Möglichkeiten, in der Stadt ebenso wie auf dem Land (dort angesichts der hohen Vereinsdichte oft sogar noch mehr). Und dann gibt es natürlich auch noch viele weniger zeitintensive und vor allem flexibel gestaltbare Möglichkeiten: ein paar Stunden Nachbarschaftshilfe pro Woche, der Kirchenchor, der Elternbeirat in der Schule ...

❗ Finden Sie selbst heraus, was zu Ihnen passt, probieren Sie das eine oder andere aus. Manchmal kostet der erste Schritt Überwindung, vielleicht scheitern Sie auch mal, aber das sollte Sie nicht davon abhalten, einen neuen Versuch zu starten.

Gesundheit und Fitness

Mehr als die Hälfte der Menschen, die schwer krank in Kliniken eingeliefert werden, kommen dorthin, weil sie gegen wichtige Spielregeln und das Grundgesetz der Gesundheit verstoßen haben. Sie haben sich falsch ernährt, häufig zu viel geraucht und zu viel Alkohol getrunken, sie haben sich keine Zeit für ausreichende Vorsorgemaßnahmen genommen, sich viel zu wenig bewegt und nicht genug geschlafen und hatten im Übrigen unendlich viel Stress. Die Schulden, die hier von vielen ein Leben lang aufgebaut werden, können im Regelfall auch Ärzte nicht mehr abtragen. Wer ein erfülltes Leben in Balance führen will, wird vernünftigerweise Zeit und Fürsorge in seine Gesundheit und seinen Körper investieren. Die wesentlichen Elemente eines Gesundheitsportfolios bestehen aus:

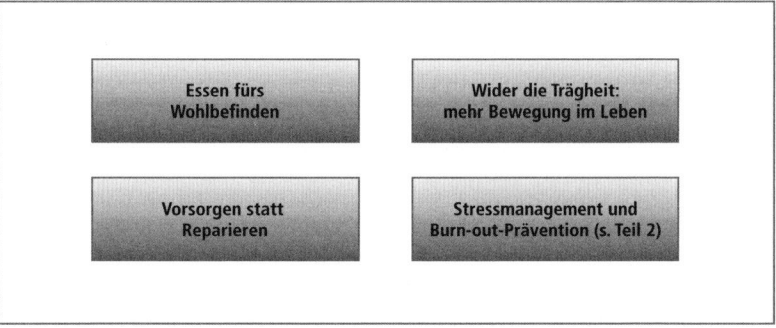

Der vierte Bereich – Stressmanagement und Burn-out-Prävention – ist so wichtig, dass wir ihm in diesem Buch einen eigenen Teil gewidmet haben.

Essen fürs Wohlbefinden

Der Mensch ist, was er isst. Dieser viel zitierte Satz ist wahrer, als man denkt. Nicht allein die Menge unseres Essens entscheidet über unsere Gesundheit und unser Wohlbefinden, sondern die Zusammensetzung und die Art und Weise, wie wir die Nahrung zu uns nehmen. Die Grundübel westlicher Ernährungsgewohnheiten lassen sich in einem Satz auf den Punkt bringen:

! Wir essen *zu schnell, zu fett und zu süß* und nehmen gleichzeitig
● *zu wenig frische Kost und zu wenig Flüssigkeit* zu uns.

Und dies nicht in erster Linie aus mangelnder Willensstärke und purer Genusssucht, sondern hauptsächlich aus reiner Unwissenheit. Vielen scheint gar nicht bewusst zu sein, was sie sich antun, wenn sie kontinuierlich *Fast Food* und *Junkfood* konsumieren. Werfen Sie doch einmal in einem deutschen Supermarkt einen Blick in die Einkaufswagen an der Kasse. Dann braucht es Sie nicht mehr zu wundern, warum es hierzulande etwa 30 Millionen Übergewichtige gibt und unzählige weitere ernährungsbedingte Krankheitsfälle. Dabei geht es gar nicht darum, sich zu kasteien und den Genuss am Essen aufzugeben – im Gegenteil: Gesundes Essen kann hervorragend schmecken und der Lebensgenuss wird durch ein besseres und vitaleres Körpergefühl sogar noch gesteigert. Entscheidend ist zu wissen, worauf es ankommt. Dieses Buch kann und will keinen ausführlichen Ratgeber zum Thema »Ernährung und Gesundheit« ersetzen. Kurz und bündig finden Sie hier aber die wichtigsten Regeln für eine gesunde Ernährung.

Regel 1: Vielfalt genießen

Prinzipiell gilt: Alles ist erlaubt – und es ist wie so häufig alles eine Frage der Menge. Gesunde Ernährung beinhaltet eine abwechslungsreiche Auswahl und Kombination nährstoffreicher und energiearmer Lebensmittel. Eine gute und auch in der Praxis leicht anwendbare Handreichung ist der »Ernährungskreis« der Deutschen Gesellschaft für Ernährung (abrufbar unter www.dge.de/ernaeh-rungspraxis/vollwertige-ernaehrung/ernaehrungskreis/). In ihm wird das Angebot an Lebensmitteln in sieben Gruppen eingeteilt und zu jeder Gruppe konkrete Empfehlungen ausgesprochen.

Regel 2: Richtig trinken

Ohne ausreichende Flüssigkeitszufuhr überlebt der Mensch nicht lange. Er kann länger als einen Monat auf feste Nahrung verzichten – aber Flüssigkeitsmangel führt schon nach zwei bis vier Tagen zu erheblichen Problemen. Wassermangel führt zu dickerem und zähflüssigem Blut, einer verminderten Sauerstoffversorgung des Körpers, Trägheit und Konzentrationsschwierigkeiten. Gleichzeitig sinkt unser Durchhaltevermögen und es geht mit unserer Laune steil bergab. Die Empfehlungen, wie viel ein gesunder, durchschnittlich schwerer Mensch pro Tag trinken sollte, gehen allerdings weit auseinander – nicht immer sind die Studien wirklich repräsentativ, manche werden sogar von Mineralwasserherstellern gesponsert.

Nach wie vor Gültigkeit hat wohl eine US-amerikanische Studie aus dem Jahr 1945. Sie geht von einer Wasserzufuhrmenge von 2,5 Liter pro Tag aus. Da auch feste Nahrung zu einem nicht unerheblichen Anteil aus Wasser besteht, kommt man auf eine Trinkmenge von rund 1,5 Liter – dies entspricht auch den Empfehlungen der Deutschen Gesellschaft für Ernährung. Im Übrigen gilt:

- Als Getränke eignen sich neben Wasser vor allem ungezuckerte Kräuter- und Früchtetees und mit Wasser verdünnte Obst- und Gemüsesäfte.

- Kaffee und Schwarztee können der Trinkbilanz hinzugerechnet werden – in früheren Studien wurde oft auf die entwässernde Funktion dieser Getränke hingewiesen, allerdings kommen neuere Untersuchungen hier zu anderen Ergebnissen.

- Weniger empfehlenswert sind dagegen alle zuckerhaltigen Getränke, wie Cola, Limonade und Eistee. Sie erhöhen aufgrund ihres hohen Zuckergehaltes die Risiken für Übergewicht und Diabetes.

- Am besten zu jeder Mahlzeit ein Glas Wasser trinken – und bei der Arbeit ein Getränk in Sichtweite stellen. Übrigens: Das Durstgefühl ist durchaus ein verlässlicher Gradmesser für die Trinkmenge. Durst wird als Frühwarnsignal schon lange vor einer drohenden Dehydrierung angezeigt.

- Wer viel Sport treibt, körperlich hart arbeitet oder bei heißen Temperaturen viel schwitzt, muss mehr trinken – je nach den Umständen 0,5 bis 1,0 Liter/Stunde.

Regel 3: Essen Sie vollwertig

Obst und Gemüse wird häufig in zu geringen Mengen verspeist. Nach der Nationalen Verzehrstudie II (2008) essen rund 90 Prozent der Befragten nicht die an sich empfohlene Menge von 400 Gramm Gemüse pro Tag. Dabei gibt es überzeugende Argumente für Gemüse, Salat und Obst:

- Alle pflanzlichen Lebensmittel haben eine gute Sättigungswirkung und sind relativ fettarm. Daher können Sie sich daran satt essen, ohne zuzunehmen.

- Sie enthalten reichlich Vitamine, Mineralstoffe und Ballaststoffe.

- Zudem senkt der Verzehr nachgewiesenermaßen das Risiko für Bluthochdruck, koronare Herzerkrankungen, Schlaganfall und möglicherweise auch bestimmte Krebskrankheiten.

Die Empfehlung der Deutschen Gesellschaft für Ernährung lautet daher: »5 am Tag«. Jeder solle mindestens 5 Portionen Obst und

Gemüse am Tag essen – wobei als Portionsmaß die eigene Hand gilt. Ein Apfel = eine Portion. Auf den täglichen Speiseplan übertragen könnte das folgendermaßen aussehen:

- Essen Sie *schon zum Frühstück* frisches Obst mit Joghurt oder Müsli, gegebenenfalls mit einem Glas Obst- oder Gemüsesaft.

- Gestalten Sie *Zwischenmahlzeiten (vor- und nachmittags)*, auch am Arbeitsplatz, mit Obst und Karotten-, Kohlrabi- oder Paprika-schnitzen. Geben Sie Ihren Kindern geschnittenes Obst und Gemüse mit in die Schule.

- Essen Sie *mittags* eine Portion gedünstetes Gemüse oder eine Portion gemischten Salat als Beilage.

- *Abends* können Sie rohes Gemüse oder eine Portion Salat zu sich nehmen.

- Eine Portion Obst oder Gemüse kann gelegentlich auch durch ein Glas Obst-/Gemüsesaft oder einen der aktuell so begehrten Smoothies ersetzt werden.

Regel 4: Achten Sie auf die Geschwindigkeit der Kohlehydrate

Hauptakteur ist hier das Insulin, der Wächter über den Blutzucker-spiegel. Es achtet darauf, dass dieser möglichst konstant bleibt, und tritt sofort in Aktion, wenn der Zuckerwert im Blut zu schnell steigt. Und das hängt von der Art der Kohlehydrate ab, die wir zu uns nehmen:

- *Kurzkettige Kohlehydrate* (wie sie in Zucker, Schokolade, Marme-lade, Weißbrot und Cornflakes zu finden sind) lassen den Blut-zucker *schnell* ansteigen. Sofort reagiert der Insulin-»Wächter« und verteilt eilig den Blutzucker im Körper – das meiste wandert ins Unterhautgewebe, um sich dort in bleibendes Fett zu verwandeln. Daher der Spruch: »Ein Stück Schokolade bleibt eine Minute im Mund, eine Stunde im Magen und viele Jahre auf der Hüfte.« – Doch damit ist es noch nicht genug: Nach dem kurzen Hoch sinkt der Blutzucker sogar unter den Ausgangswert und wir bekommen erneut Heißhunger auf Süßes. Ein verhängnisvoller Kreislauf.

■ *Langkettige Kohlehydrate* (wie in Vollkornbrot, Reis, Kartoffeln, Nudeln und Müsli) werden nur *langsam* in Zucker zersetzt, lassen also den Blutzuckerspiegel nicht in die Höhe schnellen. Dieser Zucker wird im Körper über einen langen Zeitraum verwertet und steht dem Gehirn für längere Konzentrationsphasen zur Verfügung. Außerdem haben wir ein dauerhaftes Gefühl der Sättigung.

Daraus folgt:

■ Meiden Sie kurzkettige (»schnelle«) Kohlehydrate oder essen Sie diese zumindest in Kombination mit Eiweiß, denn das verzögert die Aufspaltung in Glukose und damit das Ansteigen des Blutzuckers. Also besser »schnelles« Weißbrot mit Käse, Ei oder Quark als mit »noch schnellerer« Marmelade!

■ Ernähren Sie sich möglichst vollwertig mit langkettigen (»langsamen«) Kohlehydraten.

Regel 5: Reduzieren Sie Fett und fettreiche Lebensmittel

Fett macht nicht satt, sondern dick. Es verleitet dazu, mehr zu essen, weil es schmeckt. Fett, das nicht verbrannt wird, schadet unserem Körper in dreifacher Weise: Es lagert sich erstens im Bauch und an der Hüfte ab, zweitens an den Gefäßinnenwänden (was das Risiko, einen Herzinfarkt oder Schlaganfall zu erleiden, erhöhen kann) und drittens in den Gehirnzellen, wodurch unsere geistige

Leistungsfähigkeit gemindert wird. Andererseits: Ganz ohne Fett geht es auch nicht. Denn der Körper bezieht daraus lebensnotwendige Fettsäuren und auch eine Reihe in Fett gelöster Vitamine. Es geht also auch hier wieder um die Menge und die Art der Fette:

■ *Zu vermeiden ist ein Zuviel an tierischen Fetten mit gesättigten Fettsäuren* und problematischem LDL-Cholesterin. Am ungesündesten sind Kokosfett und chemisch veränderte, gehärtete Fette.

■ *Bevorzugen Sie pflanzliches Fett mit ungesättigten Fettsäuren.* Sie sind lebenswichtig, da unser Körper sie nicht selbst herstellen kann.

■ Besonders empfehlenswert sind *einfach ungesättigte Fettsäuren* (wie in Olivenöl und in Nüssen), die das schädliche LDL-Cholesterin senken und den Wert des guten HDL-Cholesterin im Blut erhöhen.

■ Insgesamt lautet die Empfehlung: 60 bis 80 Gramm Fett pro Tag sind ausreichend!

Für Ihren Speiseplan gilt daher:

❗ Mehr Fisch – weniger Fleisch! Mehr Olivenöl – weniger Butter!

Regel 6: Achten Sie auf eine schonende Zubereitung der Lebensmittel

Eine schonende Zubereitung erhält vor allem die wertvollen Vitamine und Mineralien. Diese für unsere Gesundheit und Fitness wichtigen Stoffe sind an sich bei einer ausgewogenen Ernährung ausreichend vorhanden. Häufig gehen sie aber durch zu lange Kochzeiten und zu hohe Temperaturen verloren. Eine schonende Zubereitung (also bei niedriger Temperatur, mit wenig Wasser und Fett und möglichst kurz, soweit das konkrete Lebensmittel dies zulässt) erhält dagegen nicht nur Vitamine und andere wichtige Nährstoffe, sondern auch den Geschmack.

Regel 7: Schützen Sie Ihre Essenszeiten

Nehmen Sie sich Zeit für Ihre Mahlzeiten. Wer sein Frühstück aus der Hand während der Fahrt zur Arbeit, das Mittagessen beim Geschäftsmeeting und sein Abendbrot vor dem Fernseher oder über seinen Akten zu sich nimmt, verschenkt Genuss und Lebenszeit. Oft weiß man hinterher gar nicht mehr, was man gegessen hat, wie es geschmeckt hat und vor allem, wie viel es eigentlich war. Gönnen sie sich *Essenszeiten*, in denen Sie sich ganz dem Essen und nichts anderem widmen – außer der Familie oder den Menschen, mit denen Sie gemeinsam speisen. Fast Food und Schnellimbissläden mögen manchmal ganz praktisch sein, aber auf Dauer schmälern sie unsere Lebensqualität und unsere Lebensintensität!

Wider die Trägheit – mehr Bewegung im Leben

Eine gesunde und vollwertige Ernährung ist nicht denkbar ohne den zweiten Teil – den, der die aufgenommene Energie wieder abarbeitet: Bewegung. Regelmäßig Sport treiben und sich bewegen hilft nicht nur, das Gewicht auszubalancieren. Bewegung hat auch noch eine ganze Reihe weiterer stabilisierender Wirkungen. Auch zu diesem Thema ist die Auswahl an Ratgeberliteratur groß – die wichtigsten Aspekte dazu finden Sie im vierten Teil dieses Buches (Stabilisator »Bewegung«).

Vorsorgen statt reparieren

Um richtig zu handeln, brauchen wir die richtigen Informationen. Wir brauchen Grundkenntnisse darüber, wie wir unsere Gesundheit erhalten und fördern können, und wir brauchen Kontrollen unseres gegenwärtigen Gesundheitszustands, insbesondere zur Erkennung sich unbemerkt anbahnender Risiken.

Ein ganz alltägliches Szenario: Gegen elf Uhr befand sich Michael an seinem Schreibtisch in einem völligen Leistungstief. Um wieder zu Kräften zu kommen und seinem Gehirn auf die Sprünge zu helfen, gönnte er sich einen Schokoriegel und zwei Stück Traubenzucker. Auf die verwunderte Frage seiner neuen Kollegin Renate, warum er so etwas esse, wo er doch abnehmen wolle, antwortete er voller Überzeugung, das sei eben Nervennahrung. – Welch ein Irrtum! Da brauche er sich nicht zu wundern, wenn er in Kürze mit Heißhunger zum nächsten Schokoriegel greife, entgegnete sie. Ob er denn den Insulinkreislauf im Körper nicht kenne: dass er mit diesen Süßigkeiten nur kurzfristig den Blutzuckerspiegel hochjage, die Insulinproduktion ankurble, wodurch der Zucker im Gehirn ausgehe und er als Folge noch müder werde und noch mehr Appetit auf Süßes bekomme. – Nein, davon hatte er noch nie gehört …

Doch Michael ist da keineswegs eine Ausnahme. Viele auch gut ausgebildete Menschen haben erstaunliche Wissenslücken bezüglich der wichtigsten Zusammenhänge von Ernährung, Bewegung und Gesundheit. Ohne Kenntnis der maßgeblichen Abläufe im Körper und der unterschiedlichen Wirkung verschiedener Nahrungsbestandteile ist es aber nur schwer möglich, schädliche Verhaltensweisen aufzugeben und das Nötige für die eigene Gesundheit zu tun.

Erweitern Sie Ihr Wissen zu den Themen »Ernährung« und »Bewegung«.

Dabei ist es nicht schwer, sich dieses Wissen anzueignen. Einige wesentliche Informationen hierzu finden Sie schon mal in diesem Buch. Dennoch sollten Sie Zeit in die *Lektüre eines speziellen Gesundheitsratgebers* investieren, vorzugsweise in einen mit den Schwerpunkten »Ernährung« und »Bewegung«. Die Auswahl kann etwas schwierig sein, da es auch hier wechselnde Moden und Strömungen gibt und nicht immer ganz eindeutig feststeht, ob tatsächlich nur Wissen vermittelt werden soll oder auch eine Methode (möglicherweise nebst passenden Produkten) dahintersteckt. Die Beratung in einer Fachbuchhandlung oder auch bei Ihrem Hausarzt kann da weiterhelfen. Ich selbst habe erst nach meinem vierzigsten Lebensjahr mit Faszination ein solches Buch gelesen und dabei einerseits erkannt, welche falschen Vorstellungen ich in meinem persönlichen Modell von Gesundheit hatte, und andererseits, wie leicht man durch Veränderung nur einiger entscheidender Dinge für ein viel gesünderes und vitaleres Befinden sorgen kann. Das Einzige, was ich sehr bedauerte, war der Umstand, dieses Buch erst so spät in meinem Leben gelesen zu haben.

Schwachstelle Vorsorge

Bei dem Thema »Vorsorge« beklagen Ärzte und Krankenkassen seit Jahren eine seltsam erscheinende Diskrepanz: Viele von uns sichern sich zwar durch eine Unzahl an Versicherungen, durch Finanzrücklagen und ein sicheres Auto gegen alle möglichen Risiken im Leben ab – und versäumen es dann, das eigene (Weiter-)Leben durch Vorsorgeuntersuchungen auf eine sichere Grundlage zu stellen. Ist es denn nur Unwissenheit, Bequemlichkeit oder die Befürchtung, bei einer solchen Kontrolle könne etwas Schlimmes entdeckt werden? Und wiegt bei vielen diese Sorge stärker als die wohl allgemein bekannte Tatsache, dass die Heilungschancen umso höher sind, je früher eine Krankheit entdeckt wird?

Natürlich wird über das Für und Wider von Vorsorgeuntersuchungen mit teilweise beachtenswerten Argumenten gestritten, und nicht jede als IGeL-Leistung verkaufte Vorsorgeuntersuchung hält, was versprochen wird. Aber es gibt eine Reihe von anerkannt sinnvollen Vorsorgemaßnahmen, und dazu gehört nicht nur die regelmäßige Kontrolluntersuchung beim Zahnarzt.

Letztlich geht es aber auch gar nicht um solche eher allgemeinen Betrachtungen. Wichtig ist nur, was für Sie relevant und sinnvoll ist. Welche Vorsorgeuntersuchungen ratsam sind, hängt in erster Linie von Ihrem Alter und Ihrem individuellen Gesundheitszustand ab.

> ! Besprechen Sie die sinnvollen Maßnahmen mit Ihrem Hausarzt –
> ● er kennt Ihre Risikofaktoren und Schwachstellen im Zweifel am
> besten.

Und wenn Sie noch keinen »Arzt Ihres Vertrauens« haben, dann könnte dies die erste Maßnahme Ihres Vorsorgeplans werden: einen Hausarzt suchen.

Sinn und Kultur

Bisher ging es um die berufliche, die zwischenmenschliche und die gesundheitliche Balance. Mindestens genauso wichtig (wenn nicht am wichtigsten) ist die innere Balance eines Menschen. Sie bildet das eigentliche Fundament unseres Lebensgebäudes, das darauf basiert,

- einen *Sinn* in unserem Leben zu sehen und *eine Vision* zu haben,
- *Werte* zu leben, an denen wir uns ausrichten können,
- über die Fähigkeit zu verfügen, immer wieder *innerlich aufzutanken,* und
- uns *kulturell und persönlich ständig weiterzuentwickeln.*

Je lebendiger unser »Innenleben«, desto reicher und stabiler wird unser Leben insgesamt.

Sinn motiviert

Wie schaffte Christoph Kolumbus es nur, den spanischen König dazu zu bringen, ihm drei Schiffe zur Verfügung zu stellen? Wie schaffte er es später trotz aller Widrigkeiten, bei Hunger und Durst, Krankheiten an Bord und Windflauten, seine Mannschaft immer wieder zum Durchhalten zu motivieren? Wie hätte er jemals Amerika entdeckt – ohne seine klare Vision? Die Frage nach dem Sinn unseres Lebens und die Entwicklung unserer persönlichen Lebensvision sind zentrale und wichtige Faktoren unserer Lebensbalance.

Das Sinnbedürfnis ist das tiefste aller menschlichen Bedürfnisse.

Eine Umfrage des Meinungsforschungsinstituts GRP im Auftrag der Berufsgenossenschaft für Gesundheitsdienst und Wohlfahrtspflege (2002) hat festgestellt: Neun von zehn Arbeitnehmern finden es wichtig, ihren Job als sinnvoll zu erleben. Ein Ergebnis, das sich mit den Erkenntnissen des großen Wiener Psychologen und Neurologen Viktor Frankl (1905–1997) deckt, dessen Forschungen unser *existenzielles Bedürfnis nach Sinn im Leben und in der Arbeit* zum Thema hatten. Frankl war überzeugt: Das Sinnbedürfnis ist das tiefste aller menschlichen Bedürfnisse. Wer keinen Sinn sieht, gerät schnell aus der Balance.

Was will ich wirklich?

Das sind die maßgeblichen Fragen, die Sie sich nicht oft genug im Leben stellen können:

- »Was will ich mit meinem Leben anfangen?«
- »Worum geht es mir?«
- »Was ist der Sinn meines Lebens?«

Die Sinnfrage ist die Grundlage all Ihres Handelns und Ihrer Lebensbalance, die Frage nach dem »Warum« und »Wozu« Ihres Lebens. Warum Sie das tun, was Sie tun. Eine Frage, die sich die Menschen seit Urzeiten immer wieder gestellt haben und auf die es wohl so viele verschiedene Antworten wie Menschen gibt. Die Frage nach dem Sinn Ihres Lebens kann Ihnen kein anderer beantworten. Genauso wenig ergibt sie sich automatisch aus der Tatsache, dass Sie leben. Sie taucht auch nicht einfach auf wie ein Blitz am Himmel. Vielmehr müssen Sie die Sinnfindung in Ihrem Leben selbst herbeiführen, indem Sie sich die Frage »Was will ich wirklich?« immer wieder stellen. Nur so werden Sie Ihr eigenes statt ein »geliehenes« Leben leben. Nur dann leben Sie selbstbestimmt. Also:

Welchen Sinn sehe ich in meinem Leben? – Was will ich wirklich?

Unterbrechen Sie an dieser Stelle ruhig für ein paar Minuten die Lektüre, um die Frage spontan zu beantworten. Schreiben Sie einfach das auf, was Ihnen *jetzt* dazu einfällt. Auch wenn es nach meiner Überzeugung die wichtigste Frage Ihres Lebens ist: Befreien Sie sich von dem Anspruch, sie perfekt und endgültig zu beantworten. Entweder ist Ihnen die Antwort sowieso schon relativ klar oder Sie erlauben sich zunächst eine provisorische Antwort (auf die Sie niemand festlegen wird), um daran immer wieder zu feilen. Oder Sie finden im Lauf der Zeit sogar eine neue Antwort. Entscheidend ist allein, dass Sie erstens *überhaupt* eine möglichst klare Vorstellung vom Sinn Ihres Lebens haben und dass es zweitens wirklich Ihre *ureigenste* Antwort ist.

»Das lässt sich nicht so einfach sagen!«, »Der Sinn meines Lebens –
welch eine Frage!«: Das sind verständliche Einwände! Dann fragen
Sie sich halt, was Sie auf jeden Fall mit Ihrem Leben angefangen
haben möchten, wenn Sie eines Tages diesen Planeten verlassen
werden. Welche Spuren möchten Sie hinterlassen, was möchten Sie
für sich und andere be- und gewirkt haben? Und für die existenzia-
listischen Hardliner unter Ihnen gibt es zumindest eine kreativitäts-
stimulierende Variante: »Angenommen, es könnte einen Sinn für
mein Leben geben, welcher könnte das sein?«

Natürlich gilt auch hier: Je konkreter Ihre Antwort, umso besser,
desto geringer werden die Umwege sein, die Sie im Leben gehen.
Doch genauso gut können Sie eine allgemeine Formulierung wählen wie beispielsweise: »Ich möchte dieses Leben so intensiv wie
möglich genießen und mit meinen Fähigkeiten und Ressourcen so
gut ich kann für andere Menschen da sein.«

Ein hilfreicher Tipp: Schreiben Sie diese zentrale Frage auf eine
DIN-A6-Karte und führen Sie sie eine Zeit lang in Ihrer Hand- oder
Sakkotasche bei sich. Um ab und zu an der Antwort zu feilen.

Die zentrale Bedeutung der Lebensvision

Vision ist zum Schlagwort geworden. Fast jeder führt dieses »neue«
alte Wort in seinem Mund: Manager wie Politiker, Esoteriker wie
Werbefachleute, Friedenskämpfer wie Erfolgsstrategen. Warum?
Was ist die fast magische Bedeutung und Wirkung von Vision?

Ursprünglich kommt »Vision« vom lateinischen Wort »videre« =
sehen und bedeutet an sich nichts anderes als ein inneres Bild. Heute steht Vision für ein inneres Bild von etwas Zukünftigem, das es
zu verwirklichen gilt. So ist eine Unternehmensvision – also die
bildhafte Vorstellung des Unternehmenszwecks und -ziels – Voraussetzung für jede erfolgreiche Unternehmensstrategie. Und dies gilt
genauso für den persönlichen Lebensbereich.

Vielleicht sind Ihnen schon einmal die »Drei Steinmetze« begegnet – eine Geschichte, die in Büchern rund um das Thema »Management und Beruf« häufig auftaucht. Kurz zusammengefasst geht sie so: *Drei Steinmetze sind bei der Arbeit. Der erste erklärt: »Ich klopfe Steine – ich verdiene meinen Lebensunterhalt.« Der zweite erklärt stolz: »Ich behaue ein Kapitell – und das kann ich wirklich gut.« Und der dritte sagt mit leuchtenden Augen: »Ich wirke hier mit an der Errichtung einer großen Kathedrale!«*

Dreimal die gleiche Tätigkeit, aber drei völlig unterschiedliche Einstellungen dazu:

- Für den ersten ist seine Arbeit lediglich eine Einnahmequelle: der Job als *bloßes Mittel, um Geld zu verdienen.*

- Der zweite will Leistung bringen und einer der Besten sein: der Job als *Betätigungsfeld für den persönlichen Erfolg.*

- Der dritte wird durch die Vision motiviert, an einer großen Sache mitzuwirken: Ihn bewegt der *Sinn seiner Arbeit als Beitrag zu etwas »Größerem«*, das über sein individuelles Leben hinausgeht.

Die »Moral von der Geschicht'« liegt auf der Hand: Der dritte, der einen größeren Sinn in seiner Arbeit sieht, wird am meisten Motivation mitbringen, seine Arbeit am besten tun und die größte Zufriedenheit daraus ziehen.

Warum ist es so wichtig, eine Vision, ein klares Bild von der Zukunft zu haben? Dies hat vor allem *drei Gründe:*

- Grund 1: die Arbeitsweise unseres Gehirns, also der Steuerungszentrale unseres Lebens: *Unser Geist arbeitet über Bilder.* Um ein Ziel erreichen zu können, muss man es sich vorstellen können. Fast jeder wird die Erfahrung gemacht haben, dass eine Sache, die man sich nicht vorstellen kann, nicht verwirklicht werden kann. Außerdem gilt: Je klarer ich meine Vision vor

Augen habe, umso größer ist die Wahrscheinlichkeit, sie zu verwirklichen und die richtigen Mittel und Wege dafür zu finden.

Nur was wir uns bildhaft vorstellen können, können wir auch erreichen.

Bilder haben in unserem Gehirn eine viel stärkere molekularbiologische Wirkung als Worte, Zahlen oder Begriffe und werden zehn- bis hundertmal so schnell verarbeitet. Unsere mentalen Bilder beeinflussen unsere Gefühle und unsere Handlungen. Daher gilt: *Je klarer und stärker das Bild, desto größer ist seine Anziehungskraft.* Vor diesem Hintergrund ist auch der Satz »Glaube kann Berge versetzen« zu verstehen. Und egal, wie hoch die Berge sind, die Sie in Ihrem Leben versetzen wollen: Gelingen wird es Ihnen nur mit einer starken Vision und Ihrer Vorstellungskraft!

- Grund 2: Visionen wirken auf unsere gedanklichen Energien wie ein Magnet: Sie wecken und *bündeln unsere Energie.* Und nur gebündelte Energie hat durchschlagende Kraft. Genauso wie Sonnenstrahlen, die mit einer Lupe gebündelt werden, binnen weniger Sekunden ein Blatt zum Brennen bringen können. Es verhält sich mit der Vision ganz ähnlich wie mit dem klaren Ziel beim Thema Konzentration: Je deutlicher die Vision, desto mehr Anziehungskraft entfaltet sie. Fehlende Visionen dagegen führen zur Zerstreuung der Energie bis hin zu völligem Energieverlust.

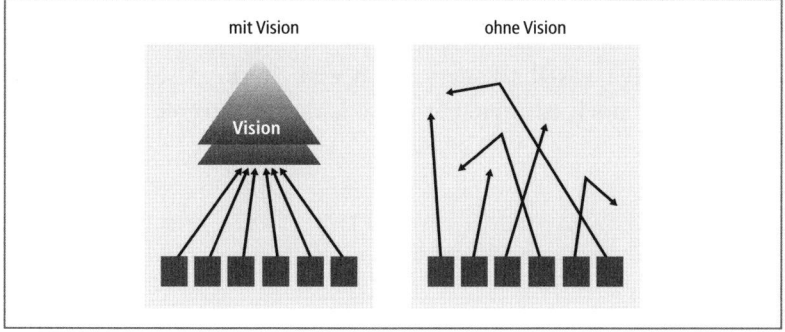

- Grund 3: *Jeder Veränderungsprozess beginnt im geistigen Bereich.*
  Die *Vision* aktiviert in uns *Energie und Motivation*, hierdurch setzen wir uns in *Bewegung* und bewirken *schrittweise eine Veränderung* im konkreten (materiellen) Leben. Daher der Satz: »Geist
  bewegt Materie!«

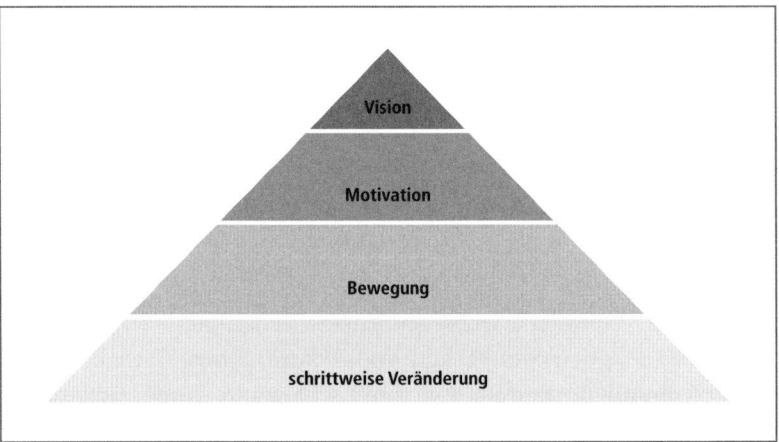

Zwei Aspekte sind also von zentraler Bedeutung:

- Jede sinnvolle Veränderung beginnt im geistigen Bereich mit
  einer Vision.
- Echte taugliche Visionen bewirken materielle Veränderungen,
  indem sie schrittweise realisiert werden.

Erkennen Sie, was Ihr Leben durch eine starke Vision gewinnen
würde? Hier noch einmal acht entscheidende Vorteile einer klaren
Vision:

> **Die acht entscheidenden Vorteile einer klaren Vision**
>
> - Sie wird zur Quelle von Inspiration und Stimulation.
> - Sie setzt in Ihnen emotionale Energie frei.
> - Sie gibt Ihnen das Gefühl, an einer wichtigen Sache zu arbeiten.
> - Sie vermittelt innere Identifikation, sodass Sie nun wissen, wofür Sie aufstehen, wofür Sie kämpfen, wofür Sie sich anstrengen.
> - Sie gibt Ihren Handlungen Sinn, denn diese sind Teil Ihres Bildes.
> - Sie weist Ihnen die Richtung und hilft Ihnen, sich in schwierigen Situationen zu orientieren.
> - Sie relativiert die Bedeutung so mancher Alltagsprobleme.
> - Sie wirkt wie ein Sog, der Sie zum Handeln aktiviert.

Kultur und Persönlichkeitsentwicklung

Vor einiger Zeit erzählte mir ein Manager nach einem meiner Vorträge zum Thema »Lebensbalance«, er könne sich gar nicht mehr erinnern, wann er zum letzten Mal ein Buch ohne wirtschaftlichen Bezug gelesen habe. Geschweige denn, dass er in den letzten Jahren Zeit gehabt hätte, ins Theater, in ein Konzert oder ins Kino zu gehen. Möglich seien allenfalls am späteren Abend ab und zu ein paar Stunden fernsehen. Mehr sei kulturell einfach nicht »drin«!

Wie sieht es mit Ihrer kulturellen »Verpflegung« aus? Es mag wohl der Bereich sein, bei dem viele am ehesten »einsparen«, ohne das Gefühl zu bekommen, die Balance in ihrem Leben zu verlieren. Natürlich sind Gesundheit, Familie und soziale Kontakte sowie die Klärung der Sinn- und Visionsfragen von großer Bedeutung. Und doch bietet gerade der kulturelle Bereich eine Möglichkeit, aus dem gewohnten Lebenskontext herauszutreten und *den eigenen Horizont zu erweitern*, sei dies nun durch die Lektüre eines Romans, einen Theater- oder Museumsbesuch oder die Teilnahme an einem persönlichkeitsbildenden Seminar. Hierbei geht es stets um die Balance zwischen Bekanntem und Neuem im eigenen Leben.

Zu einer ausgeglichenen Lebensbalance gehört also auch ein gewisses Maß an kultureller und persönlicher Weiterbildung – als Investment in Ihre kontinuierliche Horizonterweiterung. Vergessen
Sie nicht: Eine Investition in sich selbst ist eine der besten, die Sie
in Ihrem Leben machen können. Niemand kann Sie Ihnen wieder
nehmen, und sie verbessert nicht nur Ihre Lebensqualität, sondern
auch diejenige der Menschen, die Ihnen begegnen. Die folgende
Übersicht zeigt Ihnen einige wichtige kulturelle und persönliche
Bildungsquellen.

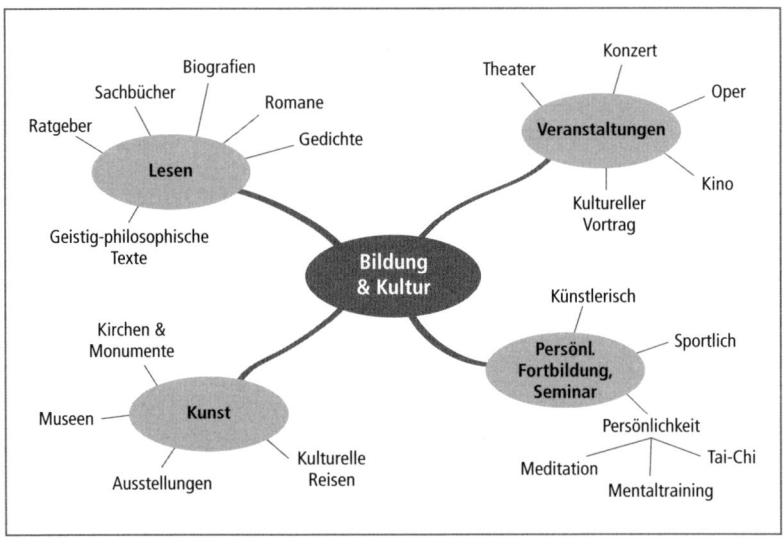

Und nun haben Sie Gelegenheit, Ihre persönliche Kulturinventur vorzunehmen. Bitte füllen Sie zunächst nur die erste Spalte aus (Ihr Bildungsinvestment der letzten zwölf Monate). Tragen Sie erst anschließend ein, was Ihr kulturelles Wunschprogramm für das nächste Jahr ist.

Inventur von Kultur und Persönlichkeitsentwicklung		
Gelesen / besucht:	In den letzten zwölf Monaten:	Wunsch fürs nächste Jahr:
Bücher		
Konzerte / Opern		
Theater		
Kino		
Vorträge		
Museen / Ausstellungen		
Besichtigungen (auch auf Reisen)		
Persönliche Fortbildungsseminare		

In den meisten meiner Work-Life-Balance-Seminare taucht an dieser Stelle der Einwand auf: »Ja, den Wunsch hätte ich schon, nur leider keine Zeit!« Wirklich? Gilt das für Sie ebenfalls? Haben Sie für Ihr Bildungsinvestment auch nicht genügend Zeit? – Viele Seminarteilnehmer entdecken anhand der folgenden kleinen Fernsehinventur recht schnell, wer in ihrem Leben der »Frei-Zeit-Dieb« Nummer eins ist. Schreiben Sie doch bitte einmal auf, wie viele Stunden Sie pro Woche durchschnittlich vor dem Fernseher verbringen:

Mein durchschnittliches Fernsehpensum beträgt etwa .... Stunden pro Woche.

Wussten Sie, dass Sie – bei einem Lesepensum von fünfzehn Seiten pro Stunde – jährlich etwa dreizehn Bücher mit jeweils zweihundert Seiten mehr lesen könnten, wenn Sie täglich nur eine halbe Stunde Fernsehen einsparen würden? Bei zwei eingesparten Stunden täglich wären es fast fünfzig Bücher mehr, bei drei Stunden schon achtzig! Und mit nur der Hälfte davon könnten Sie schon zufrieden sein!

Ihr Fernseh-pensum pro Tag:	Davon vermeidbar:	= ca. Stunden im Jahr	Stattdessen lesen Sie ca. Seiten	= ca. Bücher à 200 Seiten
	3	1.095	16.425	82
	2,5	912	13.680	68
	2	730	10.950	55
	1,5	547	8.205	41
	1	365	5.475	27
	0,5	182	2.730	13

»Aber wer sieht schon so viel fern?«, fragen Sie sich vielleicht. Nun, es mag kaum vorstellbar sein, aber nach aktuellen sozialwissenschaftlichen Studien verbringt jeder Deutsche durchschnittlich hundertsechsundneunzig Minuten täglich vor dem Fernseher – das sind über drei Stunden! Könnte es sein, dass auch in Ihrem Leben in diesem Bereich Einsparmöglichkeiten schlummern, sodass Sie mehr Kultur live erleben könnten?

Der strategische Ansatzpunkt, um mehr Bildung und Kultur in Ihr Leben zu integrieren, ist Ihre Planung: Berücksichtigen Sie darum bei Ihrer Jahresplanung Bildungsreisen und Seminarbesuche. Und den Besuch von Theateraufführungen, Konzerten und ähnlichen Veranstaltungen am besten bereits bei der Monatsplanung.

Und zuletzt noch zwei Zusatztipps, falls Ihnen im Leben zu viel Zeit vor dem Fernseher abhandenkommt:

- Gönnen Sie sich einmal eine *fernsehfreie Periode* von vier bis acht Wochen. Es ist erstaunlich, was Sie dabei alles entdecken werden. Nicht nur, was Sie in der Zeit alles machen können (und wie wenig Sie wirklich »verpassen«), Sie werden anschließend sehr wahrscheinlich viel bewusster mit diesem flimmernden Medium umgehen. – Einige meiner Freunde nutzen jährlich die Fastenzeit von Aschermittwoch bis Ostern, um sich eine TV-Reinigungskur zu gewähren.

- Experimentieren Sie einmal einige Monate damit, *nicht mehr direkt* fernzusehen. Fernsehen über Internet ermöglicht ja sowieso zeitversetztes Fernsehen über Mediatheken. Eine andere Möglichkeit besteht darin, Sendungen auf einen Festplattenrekorder aufzunehmen. Einmal pro Woche wählen Sie aus dem Fernsehprogramm die Sendungen aus, die Sie *wirklich* interessieren, und nehmen sie auf. Mit der Zeit wächst ein persönliches Archiv heran, das Ihnen ermöglicht, nicht nur zu *den* Zeiten eine Sendung zu sehen, die *Sie* wählen, sondern auch, genau *das* anzuschauen, wonach Ihnen gerade ist, unabhängig vom jeweiligen Tagesprogramm. Das hat noch den kleinen Zusatzvorteil, dass Sie Werbeblöcke entweder schon bei der Aufnahme herausfiltern oder später übergehen können. Natürlich lassen sich auch die täglichen Nachrichten zeitversetzt betrachten. Dann liegt es an Ihnen, ob Sie sie um 20.25 Uhr oder erst um 21.10 Uhr verfolgen.

Teil 2: Stressmanagement & Burn-out-Prävention

Um innere Stabilität aufzubauen, sollten Sie den ständigen Stress im Alltag meistern und sich durch Präventivmaßnahmen vor dem Burn-out schützen.

Brennen, ohne auszubrennen

Stress ist ein – inzwischen auch nicht mehr ganz taufrisches – Modewort, das in den letzten Jahrzehnten so ziemlich jeden Lebensbereich durchdrungen hat. Wir haben Alltagsstress, Berufsstress und Schulstress, oftmals auch Beziehungsstress, und wenn wir dann endlich mal abschalten könnten, kommt der Freizeitstress. Im Stress zu sein ist »in«, wer ihn hat, muss nicht zu großen Erklärungen ansetzen und sich auch nicht rechtfertigen. Paradoxerweise ist das im gegenteiligen Fall häufig genau anders: Wer Ruhe und Muße hat, gerät leicht in den Verdacht, ein Müßiggänger, vielleicht sogar Faulenzer zu sein – das erzeugt dann manchmal doch Rechtfertigungsdruck. Also dann doch lieber: Stress (so denken vielleicht manche).

Stressreaktion gestern und heute

Aber was ist Stress eigentlich? Hans Selye, der »Vater der Stressforschung«, definierte sehr einfach: Stress ist eine körperliche Anpassungsreaktion auf Reize aus der Umwelt. Das ist sehr treffend – und auch sehr knapp. Es geht natürlich auch etwas genauer: Die Stressreaktion an sich ist etwas völlig Normales, ja sogar Lebensnotwendiges. Bei Reizen von außen wird der Körper in Alarmbereitschaft versetzt: Unter anderem werden die Botenstoffe Adrenalin und Cortisol ausgeschüttet, der Puls beschleunigt sich, die Atmung ebenso, der Blutdruck steigt. Das Ziel: Kampf oder Flucht. Denn entwicklungsgeschichtlich betrachtet war dieser Mechanismus für Fälle höchster Gefahr vorgesehen – also für den klassischen Fall der Begegnung von Urzeitmensch und Braunbär, wobei Letzterer überwiegend feindliche Absichten hegte. Die Stressreaktion ermöglichte es, unter Ausschaltung komplizierter Denkprozesse sofort zu reagieren. Das kann auch heute noch von Nutzen sein, zum Beispiel im Straßenverkehr.

Aber was genau passiert bei einer Stressreaktion im Körper? Und warum bringt uns Stress so schnell aus dem Gleichgewicht? Genau betrachtet könnte man den Stressablauf als ein Drama in drei Akten schildern:

1. Sämtliche Umweltreize (und hier geht es vor allem um die, die wir als gefährlich oder belastend empfinden) werden zunächst nicht rational verarbeitet (und **Stress – ein Drama in drei Akten.** zwar vom Großhirn, das uns ja erst zu vernünftigen Lebewesen macht), sondern *emotional* von unserem Zwischenhirn, dem Sitz für Gefühlsreaktionen. Hier wird über Kampf- oder Fluchtverhalten entschieden. Anstatt also zunächst einmal innezuhalten und die Situation zu analysieren, kommt sofort der Impuls zur Aktion – und häufig kommt bei solchen Aktionen nicht viel heraus.

2. Im zweiten Schritt wird nun an das Stammhirn signalisiert: Gefahr! Und für dieses Signal hat das Stammhirn auch eine »standard operating procedure«: Es schüttet Adrenalin aus. Dieses Hormon soll uns in die Lage versetzen, uns zu verteidigen – oder schnell wegzulaufen. Es beschleunigt den Puls, sorgt für eine bessere Durchblutung der Muskeln und mobilisiert Zucker- und Fettreserven. Eigentlich könnten wir jetzt zur Hochform auflaufen ...

3. ... wenn nicht – und das ist der dritte Schritt der Stressreaktion – immer mehr Adrenalin in den Blutkreislauf gelangen und seine volle Wirkung entfalten würde. Denn dann kommt irgendwann der Punkt, an dem dieses Hormon unser Großhirn völlig blockiert. Also genau die Zentrale, die uns in einer Stresssituation noch zur Rettung – einem klaren Gedanken – verhelfen könnte, wird ausgeschaltet. Die Folge: Wir reagieren wie ein kampfhormongesteuerter Neandertaler – was uns nicht selten noch mehr in Stress bringt.

Verhängnisvolles Adrenalin

Diese ganze Reaktion ist normal und sinnvoll – wenn denn eine wirkliche Gefahrensituation vorhanden ist, die uns eine solche »hormongesteuerte«, also automatische Reaktionsweise abverlangt. Im Normalfall ist dann mit dem Ende der Bedrohungssituation das Adrenalin »verbraucht« (Kampf oder Flucht!), das körpereigene Stresssystem wird wieder heruntergefahren: Der Puls verlangsamt sich, der Blutdruck sinkt, Atmung und andere Körperfunktionen normalisieren sich.

Schlechter hingegen läuft es, wenn dem Körper diese notwendigen Ruhephasen nicht zur Verfügung stehen. Folgt einem Stress auslösenden Ereignis sofort das nächste, bleibt der Körper in ständiger Alarmbereitschaft. Mit der Zeit gewöhnt sich der Körper daran – und »beschließt« gewissermaßen, dass diese ständige Alarmbereitschaft von nun an der Normalzustand ist. Er passt sich einem höheren Stressniveau an. Das hat allerdings einen entscheidenden Nachteil: Unser Stressbewältigungssystem ist nicht auf Dauerbetrieb ausgelegt. Welche Folgen wiederkehrender und anhaltender Stress für uns haben kann, veranschaulicht sehr treffend das »Hormon-topfmodell« von Vera F. Birkenbihl. Sie nannte das selbst ein absurdes, doch hilfreiches Denkmodell. Stellen Sie sich vor, das Adrenalin, das Sie während jeder Stressreaktion produzieren (und noch ein paar andere »Kampfhormone« mehr), sammelt sich in einem Messbecher irgendwo in Ihrer Magengrube. Jeder kleine Stressfaktor lässt den Pegelstand ein wenig weiter anwachsen, größere Stresserlebnisse entsprechend schneller. Das alles ist an sich kein großes Problem, denn es gibt einen Abfluss: Am Boden des Bechers finden sich ein paar kleine Löcher, durch die alle Kampfhormone versickern; langsam, aber stetig. Allerdings gibt es kein Regulierungsventil für die Abflussgeschwindigkeit – die ist fix. Bedenklich wird die Situation deshalb dann, wenn mehr Adrenalin hinzukommt als unten wieder entweichen kann. Das kann unangenehme Konsequenzen haben:

1. Je mehr Adrenalin im Topf ist, desto schlechter wird die Wahrnehmung. Sie bekommen gewissermaßen die getrübte Brille des Pessimisten aufgesetzt, nehmen die Dinge viel negativer wahr, als sie eigentlich sind, und produzieren dann noch mehr Kampfhormone.

2. Wenn der Topf dann langsam voll und voller wird, zieht er Sie immer weiter hinab in diesen Strudel. Das Adrenalin blockiert das Denkvermögen – das wurde schon oben bei der Stressreaktion dargestellt.

3. Mit der Zeit allerdings wird es richtig problematisch, und zwar dann, wenn wir dauerhaft im Stress sind. Denn Dauerstress führt zu »Abnutzungserscheinungen« im Körper. Er schwächt das Immunsystem, erhöhte Blutdruck- und Blutfettwerte steigern das Risiko für Herzinfarkt und Schlaganfall, auf Dauer

sinken Gedächtnis- und Konzentrationsleistung, ganz allgemein nehmen Kreativität und Leistungsfähigkeit ab und die Gefahr von ernsthaften psychischen Erkrankungen, wie depressive Zustände oder Burn-out-Syndrom, wächst.

Hilfreiche Anti-Stress-Strategien

Es gilt also, dem Stress zu entkommen – aber wie? Gefährlich und destabilisierend ist Dauerstress ja vor allem wegen des erhöhten Adrenalinspiegels, denn er ist es vor allem, der zu typischen Stresskrankheiten wie Herz- oder Magenproblemen führt.

! **Effektives Stressmanagement setzt – bildlich gesprochen –**
● **an einer Senkung dieses Adrenalinspiegels an.**

Es gilt also, den Pegelstand im Hormontopf im Auge zu behalten. Drei Strategien haben sich bewährt:

- Stress *VER*hindern, vor allem durch eine genaue Analyse der Faktoren, die einen immer wieder in Stress bringen. Mit gezielten Maßnahmen, insbesondere einer guten Planung, lassen sich diese Faktoren zumindest teilweise vermeiden.
- Stress *VER*brennen durch körperliche Aktivität, insbesondere Sport.
- Stress *VER*dünnen durch Aktivierung des körpereigenen Belohnungssystems.

Stress VERhindern

Hier lautet die Devise: Lernen Sie Ihre Stressoren, also die Dinge, die Sie immer wieder in Stress bringen, besser kennen. Denn viele Stresssituationen lassen sich verhindern, wenn man die persönlichen Stressoren kennt. Es sind meist gar nicht so viele – sie ziehen sich aber wie ein roter Faden durchs Leben. Es ist daher lohnenswert, diese persönlichen Stressoren herauszufiltern. Kennt man sie einmal, dann lassen sie sich (oder zumindest einige davon) durch geschickte Planung oft vermeiden. Kommen Sie zum Beispiel durch Zeitdruck immer wieder sehr in Stress, so hilft es möglicherweise, durch Pufferzeiten und frühzeitiges Beginnen einer Aufgabe den Adrenalinausstoß zu verringern. Und sollten bestimmte Überforderungssituationen in Ihrem Berufsleben immer wieder auftreten, dann lässt sich vielleicht frühzeitig Hilfe organisieren.

Die folgende Tabelle gibt Ihnen die Gelegenheit, Ihre persönlichen Stressoren im Berufs- wie Privatleben zu analysieren. Schätzen Sie ab, wie stark die einzelnen Stressoren Sie belasten, und überlegen Sie sich, ob und wie Sie diese gegebenenfalls ändern, also verhindern können.

Meine Stressorenanalyse

Liste der beruflichen Stressoren	Belastungs- faktor 1–6	Kann ich ändern		Maßnahme
		ja	nein	
1				
2				
3				
4				
5				
6				
7				

Meine Stressorenanalyse				
Liste anderer Stressoren (Freizeit, Partner, Familie, Freunde, Öffentlichkeit usw.)	Belastungsfaktor 1–6	Kann ich ändern		Maßnahme
		ja	nein	
1				
2				
3				
4				
5				
6				
7				

Stress VERbrennen

Noch einmal zur Erinnerung: Der »Hormontopf« läuft über, weil – stressbedingt – mehr Adrenalin hineinträufelt als durch die kleinen Löcher am Boden entweichen kann. Es könnte also sinnvoll sein, den Adrenalinüberschuss durch andere Maßnahmen zu verringern. Und da bietet sich Sport oder überhaupt jede andere Form körperlicher Bewegung an. Beim Joggen, im Fitnessclub, beim Tennis oder jeder anderen Sportart »verbraten« Sie die Stresshormone und sorgen dafür, dass der Stresspegel wieder ein bisschen sinkt. Das ändert noch nichts an der Existenz der Stressoren, kuriert also nicht die Ursachen, kann aber immerhin die Symptome lindern und so dafür sorgen, dass Sie wieder etwas mehr Überblick bekommen. Aufgestauter Ärger ist dann hinterher etwas harmloser, Sie können wieder klarer denken (denn das Adrenalin blockiert Ihr Denkvermögen jetzt nicht mehr ganz so stark) und Sie sehen vielleicht einen Lösungsweg, der Ihnen vorher verborgen war. Diese Methode hat zudem den Vorteil, dass sie leicht umsetzbar ist und Sie nebenbei auch noch etwas für Ihre Gesundheit tun.

> **Auch unter Präventionsgesichtspunkten ist körperliche Aktivität allemal zu empfehlen, denn Sie halten damit den Grundpegel der Stresshormone niedrig – und können auf diese Weise vorübergehenden Stresssituationen besser entgegentreten.**

Stress VERdünnen

Stress VERdünnen – das bedeutet: Stresshormone kompensieren. Das funktioniert am besten durch die Aktivierung des körpereigenen Belohnungssystems, also durch Tätigkeiten, die Endorphine, die körpereigenen »Freudehormone«, freisetzen. Diese können das Adrenalin im Hormontopf gewissermaßen verdünnen und schließlich sogar neutralisieren.

Der Vorteil bei dieser Methode ist: Sie ist einfach umzusetzen. Denn Endorphine lassen sich im Körper durch alles erzeugen, was Ihnen Freude bereitet und guttut: ein gutes Essen, ein schöner Einkaufsbummel, zwei Stunden in einer Wellnesslandschaft oder im Konzert, ein gelungenes Candle-Light-Dinner etc.

Mit den drei Tipps können Sie dem Stress auf Dauer entkommen. Und da für viele auch der Zeitmangel ein ganz entscheidender Stressauslöser ist, erfahren Sie in Teil 5, wie Sie mit ein bisschen Planung diesem Stressauslöser schon im Ansatz begegnen können.

Anti-Stress-Strategien für Fortgeschrittene

Es gibt noch eine Reihe weiterer wirksamer Techniken, die helfen können, das tägliche Stresspotenzial etwas zu entschärfen. Sie basieren letztlich alle darauf, den Adrenalinausstoß zu vermindern – und machen sich dabei ein paar einfache psychologische Mechanismen zunutze.

Die Anti-Ärger-Strategie

Auslöser, uns zu ärgern, finden wir täglich genug. Was für den einen der lahme Service im Restaurant oder am Bahnschalter ist, erlebt der andere am Steuer, wenn wieder mal so ein »Idiot« vor ihm zu langsam fährt oder hinter ihm lichthupend zu dicht auffährt. Ein anderer geht dagegen auf die Palme, wenn jemand eine Verabredung nicht pünktlich einhält, das ärgert ihn maßlos und hebt den Stresspegel, manch einer ist dann auch »zutiefst verletzt« – und lässt das seine Umwelt angemessen spüren. Und eine Arbeitskollegin flippt immer mal wieder wegen dieser »Deppen« bei der Telefonhotline oder der Borniertheit des Paketzustellungsdienstes aus. Und Sie, was bringt Sie immer wieder aus der Fassung, worüber müssen Sie sich immer wieder (berechtigterweise) ärgern?

Aber was passiert denn da eigentlich genau in diesem Moment? Genau genommen handelt es sich um einen Automatismus, der innerlich abläuft, nämlich die Überzeugung, man *müsse* sich ärgern, man könne gar nicht anders. Dass man die Situation auch ganz anders sehen und bewerten kann und jedes Mal die völlige Wahlfreiheit hat, wie man auf sie reagieren kann, ist uns meist überhaupt nicht bewusst. Das Ineinandergreifen von äußerem Anlass und innerem (altem) Ärgermuster funktioniert automatisch wie bei zwei Zahnrädern, sodass die Lücke, die kurzzeitig zwischen den beiden Rädchen entsteht und die den Raum der Wahlfreiheit darstellt, nicht mehr wahrgenommen wird.

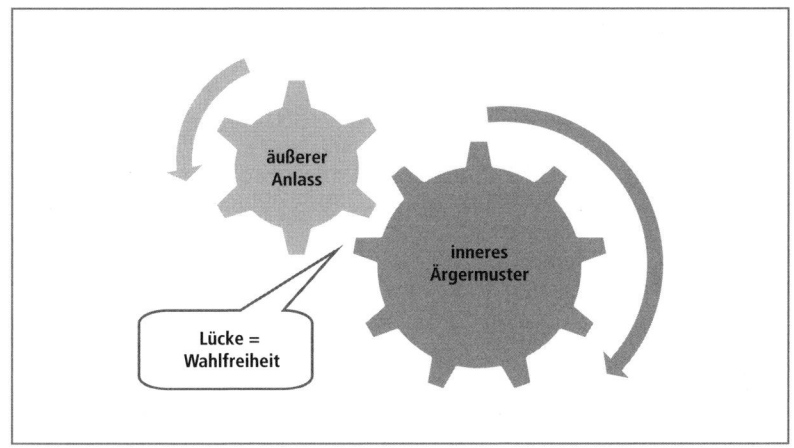

Solange jemand glaubt, er müsse sich berechtigterweise ärgern, man könne da doch gar nicht anders reagieren, wird er immer wieder an der gleichen Stelle in die Ärgerfalle hineingeraten. Ehrlicherweise müsste man ja sonst sagen: »Als XY geschehen ist, *habe ich beschlossen*, mich darüber zu ärgern, und dann habe ich mich auch richtig geärgert.« Nicht umsonst heißt es ja: »*Ich* habe *mich* geärgert.« Der Mechanismus, der da eingreift, lässt also auch sprachlich grüßen.

Die Erkenntnis, wie dieser Ärgermechanismus abläuft, eröffnet aber auch den Ausweg aus dem Automatismus.

❗ Wenn es gelingt, die entstehende Lücke zwischen äußerem Anlass und innerem Muster zu nutzen, kann das Ärgermuster unterbrochen werden – und der Stress auslösende äußere Anlass verwandelt sich diesmal nicht in schädlichen Stress.

Abstand gewinnen

Distanz zu den Angelegenheiten, die uns ärgern, kann eine der besten Methoden sein, den Ärgerautomatismus zu unterbrechen. Abstand kann man räumlich gewinnen, aber auch in zeitlicher Hinsicht. Und schließlich können Sie auch innerlich auf Abstand gehen.

❗ Bauen Sie eine heilsame neutrale Distanz zu Ihrem Ärger auf.

- *Räumlicher Abstand:* Erhalte ich im Büro am Schreibtisch sitzend telefonisch eine ärgerliche Nachricht, dann hilft es mir manchmal, wenn ich nur aufstehe, mich einige Meter von meinem Arbeitsplatz entferne und mir die ganze Szene noch einmal von außen anschaue, wie in einem Film. Diese kleine örtliche Veränderung (die man am besten als eine Art innerer Dissoziation beschreiben kann) reißt mich etwas aus meinen negativen Emotionen heraus und ich kann anschließend mit klarerem Kopf reagieren. Ein kurzer Spaziergang an der frischen Luft mag eine noch stärkere Wirkung haben, aber manchmal (zum Beispiel in einem geschäftlichen Meeting) ist ein Spaziergang ja auch etwas unpassend. Gestatten Sie sich dann einfach, einen Schritt beiseite- oder zurückzutreten! Das wird Ihr Gesprächspartner vielleicht gar nicht richtig wahrnehmen – aber für Sie ist es angewandte Anti-Stress-Strategie.

- *Zeitlicher Abstand:* »Zeit heilt Wunden«, sagt ein altes Sprichwort. Und dann heißt es auch noch, es lohne sich häufig, eine Sache erst einmal zu »überschlafen«, bevor man eine Entscheidung trifft. So manches sieht am nächsten Morgen nur noch halb so wild aus – manchmal reichen aber auch schon zehn Minuten, um eine ärgerliche Angelegenheit mit anderen Augen zu betrachten. Bevor Sie also erzürnt zum Hörer oder zur Tastatur greifen, um zum Gegenschlag auszuholen: Tief durchatmen, vielleicht einmal um den Block laufen (räumlicher Abstand!), und dann noch mal alles in Ruhe durchdenken. Hat man genügend zeitlichen Abstand gewonnen, dann wundert man sich manchmal, warum man sich über eine Sache überhaupt so aufregen konnte.

■ *Innerer Abstand:* Mit dieser Methode gewinnen Sie möglicherweise die größte Unabhängigkeit – denn Abstand lässt sich auch rein mental gewinnen. Dazu müssen Sie weder Ihren Standort verändern noch Zeit ins Land gehen lassen – auch wenn die beiden Faktoren Raum und Zeit wieder eine Rolle spielen. Statt tatsächlich äußerlich den Standort zu verändern, können Sie beispielsweise für ein paar Minuten die Augen schließen und das Erlebte von außen, wie auf einem Bildschirm, Revue passieren lassen. Gehen Sie in Gedanken nochmals zum Anfang des Geschehens zurück, bringen Sie sich die einzelnen Etappen in Erinnerung, lassen Sie *einen inneren Film ablaufen* wie ein Regisseur, der Szene um Szene abdreht. Wichtig ist, dass Sie sich dabei mit etwas Abstand betrachten können, ohne im Geschehen selbst als Akteur zu handeln. Man nennt das die Technik innerer Dissoziation, weil Sie sich so gewissermaßen von Ihren Emotionen trennen. Diese Methode funktioniert vor allem deshalb, weil es sehr schwer ist, als dissoziierter Beobachter (sei es auch nur mit gedachtem Abstand) gleichzeitig die Emotionen des Erlebnisses nachzuempfinden. So erlangen Sie innerlich eine heilsame neutrale Distanz und können mit Ihrem Ärger klarer und rationaler umgehen.

Noch stärker kann es wirken, *gedanklich in die Zukunft zu gehen,* und sich kurz zu fragen: Welche Bedeutung wird dieses Geschehen, das Sie im Augenblick so aufwühlt, in einem Jahr noch haben? Wie werden Sie wohl dann darüber denken? Oder, wenn das nicht genügt, in zehn Jahren. Aber in vielen Fällen reicht schon ein kurzer Sprung in die Zukunft von nur einem Monat, einer Woche oder auch nur einem Tag. So können Sie die zeitliche Distanz, ohne lang abzuwarten, auch rein mental erreichen und dadurch besser und mit klarerem Kopf handeln.

Eine hervorragende Methode, um innerlich Abstand von etwas Ärgerlichem zu bekommen, ist übrigens *Humor* – und zwar der in eigener Sache. Da Lachen, Heiterkeit und Humor aber generell gute Stabilisatoren sind, finden Sie einige Gedanken dazu im vierten Teil.

Den Rahmen wechseln

Eine weitere Möglichkeit, mit einem Stress auslösenden Ereignis besser zurechtzukommen, setzt bei den äußeren Rahmenbedingungen an. Dies kann hilfreich sein, wenn Sie an den eigentlichen Stressor nicht herankommen. Eine Alternative ist, ihn in eine neue Umgebung einzupassen, ihm also einen neuen Rahmen zu geben. Das ändert natürlich nichts am Problem an sich, verändert aber mit der Sichtweise auch das Erleben der entsprechenden Situation. Diesem Mechanismus liegt die Erkenntnis zugrunde, dass ein Ereignis an sich zunächst einmal bedeutungsneutral ist. Empfinden wir es dennoch als belastend, dann liegt das an der Bedeutung, die wir der Sache beimessen.

> **!** So können wir an dieser Bedeutung leiden – wir können aber auch versuchen, die Bedeutung so zu verändern, dass wir trotz aller negativen Aspekte, die wir zunächst einmal wahrnehmen, etwas Positives in dem Ereignis sehen.

Angenommen, Sie haben es in Ihrer Wohnung gerne ordentlich und aufgeräumt. Nun stört es Sie, dass anlässlich eines Besuches von Freunden viel Unordnung herrscht. Dann können Sie sich darüber natürlich ärgern und die viele Arbeit, die vor Ihnen liegt, beklagen. Sie könnten aber auch versuchen, die Unordnung in einen neuen Rahmen zu stellen. Wenn Sie sie nicht mehr als einen Vorboten von viel Arbeit, sondern als Zeichen der Anwesenheit von geliebten Menschen sehen, dann ändert das noch nichts daran, dass Sie hinterher aufräumen werden. Aber im Moment bietet sich damit eine Gelegenheit, mit der Situation entspannter und stressfreier umzugehen.

Diese Methode kann auch bei persönlichen Eigenschaften funktionieren, die Ihnen vielleicht oftmals hinderlich oder störend erscheinen. Wer zum Beispiel immer wieder darunter leidet, dass er zu perfektionistisch ist, alles dreimal kontrollieren muss und deswegen häufig in Zeitnot gerät, der kann diese Eigenschaft in einen neuen Kontext stellen und sie positiv bewerten: Wer diese Person beauftragt, eine Sache zu organisieren, kann sich darauf blind verlassen, schließlich kümmert sie sich um alles, und zwar hundertprozentig.

Vom Segen des Programmwechsels

Wem das aktuelle Fernsehprogramm nicht gefällt, der greift zur Fernbedienung und schaltet um. Die Auswahl unter Hunderten von Programmen lässt einen meist irgendetwas Passendes finden. Und wer schon mal die Berichte über ein und dieselbe Nachricht auf unterschiedlichen Kanälen verfolgt hat, bekommt je nach Schwerpunktsetzung oft ganz unterschiedliche Perspektiven von dem Ereignis vermittelt. Das Programm entscheidet also häufig über die Perspektive. Einen solchen programmabhängigen Perspektivenwechsel können Sie aber nicht nur beim Fernsehen vornehmen. Er lässt sich auch innerlich durchführen – als eine Art *inneres Zappen* gewissermaßen.

Vor Jahren verbrachte ich den Urlaub mit meiner Familie am Meer. Wie Familienurlaube manchmal so sind: Es war nicht ganz »unanstrengend«, die Kinder hatten deutlich mehr Energie als der Papa, und nach zahlreichen Sandburgen und Ballspielen freute ich mich auf die eine halbe Stunde am Abend, die ich mir ausbedungen hatte: allein mit einem Buch am Meer, die große Masse der lieben Miturlauber schon an den Hotelbüfetts, und die paar Strandläufer, die um diese Zeit noch unterwegs sind, würden mich schon nicht stören.
Nun, die Strandläufer störten mich auch nicht. Denn kaum hatte ich mich niedergelassen, da nahte anderes Unheil: eine Hochzeitsgesellschaft, ungefähr 30 Leute, die das romantische Sonnenunter-

gangspanorama für ihre Fotos nutzen wollten. Sie hatten den ganzen Strand zur Verfügung, in die eine Richtung ein paar Kilometer, in die andere auch nicht weniger, wir hätten an diesem Abend wirklich überhaupt nichts miteinander zu tun haben müssen – aber sie stellten sich genau zwischen meinen Liegestuhl und das Meer. Es schien sie überhaupt nicht zu stören, dass ich hier saß, meine Ruhe haben und den Sonnenuntergang genießen wollte – sie schienen mich nicht einmal zu bemerken. Es war – und davon war ich zu diesem Zeitpunkt zutiefst überzeugt – einfach eine Unverschämtheit, was sie mir da zumuteten; ich hatte jede Berechtigung, mich darüber aufzuregen, war das doch die einzige halbe Stunde, die ich an diesem Tag für mich hatte.

Ärger-, Wunder- oder Humor-programm: Sie entscheiden.

Ich konnte das Ansteigen des Adrenalinspiegels in mir beinahe körperlich spüren. In Gedanken ging ich die Möglichkeiten durch, die mir blieben: Ich könnte meinem Ärger Luft machen und auf das Angriffsprogramm umschalten, also versuchen, sie zu verscheuchen. Angesichts der Kräfteverhältnisse erschien mir das allerdings eher unvernünftig und wenig erfolgversprechend zu sein. Flucht wäre auch eine Alternative gewesen – aber ich war immerhin zuerst da und hätte einen Teil meiner halben Stunde für den Standortwechsel aufgeben müssen. Das kam nicht infrage. So wechselte ich in Gedanken also von Programm zu Programm: Ärger, Angriff, Flucht ... schließlich entdeckte ich aber noch eine andere Sichtweise: das »Wunderprogramm«. Ich wunderte mich einfach:

»Ist es nicht verrückt: Da will ich eine halbe Stunde am Tag meine Ruhe haben und ausgerechnet da kommt diese Hochzeitsgesellschaft? Sie haben den ganzen Strand zu Verfügung – und kommen ausgerechnet zu mir? Absurd! Beinahe schon zum Lachen.«

Und tatsächlich, als ich an dieser Stelle angelangt war, schmunzelte ich zumindest innerlich (äußerlich wollte es mir noch nicht so recht gelingen). Ich war vom Wunder- zum Humorprogramm gelangt. Und da wurde mir auf einmal klar: Ich hatte die Wahlfreiheit zwischen den Programmen: Ob ich beim Ärgerprogramm bleiben oder auf das Wunder- oder sogar Humorprogramm umschalten würde, lag letztlich nur bei mir selbst. Und mit der Erkenntnis dieser Wahlfreiheit überkam mich dann endlich auch ein bisschen von der inneren Ruhe, die ich mir ja eigentlich von dieser halben Stunde erhofft hatte. Und so hatte die Hochzeitsgesellschaft sogar noch etwas Positives bewirkt, mehr wahrscheinlich, als mir die Lektüre meines Buches gebracht hätte.

! **Probieren Sie also in Zukunft einmal einen inneren Programm-**
● **wechsel, zum Beispiel vom Ärger- zum Wunderprogramm.**
Zappen Sie, bis Sie das richtige Programm zur Stressbekämpfung
gefunden haben.

Teil 3: Resilienz

Mit drei Jahren erkrankt Marias Sohn an einem Gehirntumor.
Die Operation verläuft gut, der Tumor wird vollständig entfernt und
das Kind ist auf dem Weg zur Genesung. Da unterläuft der Nacht-
schwester in der Klinik ein verhängnisvoller Fehler: In der Dunkel-
heit verwechselt sie die Medikamente und spritzt dem Kind statt des
vorgesehenen Antibiotikums eine Kalium-Lösung, die zu einem
Gehirnstillstand mit anschließendem Wachkoma führt. Der Ober-
arzt versucht den Fehler zu vertuschen und drängt die Familie, den
Sohn wieder mit nach Hause zu nehmen. Monate später stirbt das
Kind. Die ganze Familie ist am Boden zerstört und in Trauer gefan-
gen. Alles Glück, das sie vorher geteilt und erlebt hatten, scheint
dahin.

Resilienz: nach Niederlagen wieder aufstehen.

Doch eines Tages, als es am schlimmsten scheint und sie alle wieder mal am Boden zerstört sind, erkennen sie, dass es so nicht mehr weitergehen kann und ihre ständige Trauer niemandem nützen würde. So fassen sie den Entschluss, dass die Zeit der Trauer vorbei sein solle und sie wieder das Schöne im Leben wahrnehmen, wieder glücklich sein wollen. Von nun an konzentrieren sie sich ausschließlich auf die positiven Dinge im Leben, blenden bewusst alles Negative aus, ja schauen nicht einmal mehr Nachrichten, bis sie den Verlust über-
wunden haben und wieder erfüllt leben können. Der Zusammenhalt als Familie ist dabei ausgesprochen hilfreich. Damit der frühe Tod ihres Kindes wenigstens noch einen Sinn bekommt, prozessieren sie jahrelang gegen die verantwortliche Klinik. Schließlich bekommen sie recht, und eine Folge dieses Prozesses ist die Einführung eines

Fehlermelderegisters, das helfen soll, solche Unfälle in Zukunft zu vermeiden. Die 40 000 Euro Schmerzensgeld, die ihnen zugesprochen werden, spenden sie der Krebsstation der Klinik als Versöhnungsgeste. Die wichtigste Lehre aber, die sie anderen Menschen mitgeben wollen, denen das Schicksal ähnliche Prüfungen auferlegt: »Eines Tages kann man wieder glücklich sein – gleichgültig, wie schwer der Schicksalsschlag war!«

Die Stehaufmännchenqualität

Christina Berndt schildert diese Geschichte in ihrem 2013 erschienenen Bestseller »Resilienz. Das Geheimnis der psychischen Widerstandskraft«. Es ist einer neben vielen anderen Berichten in diesem Buch, und immer geht es darum, dass Menschen, die schwere Schicksalsschläge erleiden, wieder aufstehen, weitergehen und oft sogar stabiler mit den Widrigkeiten des Lebens umgehen können. Aber was genau macht diese Fähigkeit, die Resilienz genannt wird, aus? Worum geht es?

Resilienz ist der vielleicht wichtigste Faktor der inneren Stabilität: nämlich *die Fähigkeit, trotz widriger Umstände zu gedeihen, Krisen zu meistern und an ihnen zu wachsen* und auch nach Niederlagen wie ein Stehaufmännchen wieder auf die Beine zu kommen. Kurz gesagt also die sogenannte »Stehaufmännchenqualität«.

❗ Resiliente Menschen haben in der Regel eine starke geistige und innere Widerstandskraft, die sie befähigt, durch Krisen und Niederlagen nicht geschwächt oder gar gebrochen zu werden, sondern sogar gestärkt aus ihnen hervorzugehen. Eine Fähigkeit, deren Wert in bewegten Zeiten der Unsicherheit und des Umbruchs immer mehr zunimmt.

Die Erforschung der Resilienz beruht auf zwei grundlegenden Studien: Pionierarbeit leistete die amerikanische Entwicklungspsychologin Emmy Werner mit ihrer *»Kauai-Studie«*, in der sie ab 1958 vierzig Jahre lang Kinder beobachtete und befragte, die auf der hawaiianischen Insel Kauai unter besonders schwierigen Bedingungen aufgewachsen waren, von denen es aber etwa einem Drittel gelungen war, ihr Leben gut zu meistern. Sie wollte herausfinden, was genau diese Kinder vor seelischen Problemen und dem Absturz in die Verwahrlosung bewahrte. Ihre Forschung hat die wesentlichen Faktoren aufgezeigt, die Menschen trotz schwierigster Bedingungen gesund halten. Bestätigt und ergänzt wird sie durch die *»Bielefelder Invulnerabilitätsstudie«*, bei der der Bielefelder Psychologieprofessor Friedrich Lösel in den 1990er-Jahren Jugendliche aus schwierigen sozialen Verhältnissen befragte, von denen etwa die Hälfte es schaffte, ihre schreckliche Kindheit hinter sich zu lassen und ihr Leben zu meistern. Was, so die entscheidende Frage in beiden Studien, macht den Unterschied?

Für Sie sind dabei besonders drei Dinge wichtig:

1. Worauf kommt es an? Was sind die entscheidenden Faktoren der Resilienz?
2. Wie können Menschen Krisen, in die sie geraten, meistern und sogar gestärkt aus ihnen hervorgehen?
3. Was können Sie proaktiv tun, um Ihre Resilienz zu stärken?

Darum wird es in den folgenden drei Abschnitten gehen. Gleichzeitig werden Sie Gelegenheit bekommen, Ihr persönliches Resilienzprofil zu ermitteln.

Die entscheidenden Resilienzfaktoren

Die gute Nachricht vorweg: Alle Menschen sind resilient! Ja, auch Sie! Wir alle haben die grundsätzliche Fähigkeit, mit Krisen und Rückschlägen fertigzuwerden und daran zu wachsen. Möglicherweise schon allein deswegen, weil die Evolution »unsere wenig resilienten Vorfahren ausgesondert hat, weil diese eben nicht die Fähigkeit besaßen, nach einem Rückschlag wieder aufzustehen, sondern im wahrsten Sinne des Wortes sitzen geblieben sind«, wie Denis Mourlaine in seinem Buch »Resilienz« anmerkt. Dementsprechend sollten Sie sich auch nicht die Frage stellen, *ob* Sie resilient sind, sondern *wie resilient* Sie sind, und auch, *in welchen Situationen* Sie es besonders sind. Welche Faktoren nun sind dafür entscheidend?

In den Büchern, die in den Jahren zum Thema »Resilienz« erschienen sind, finden sich die unterschiedlichsten Resilienzkonzepte. Doch weitgehend sind sich die Autoren allesamt einig, dass es primär auf zwei Arten von Ressourcen ankommt: *persönliche* Fähigkeiten und *umweltbedingte* Faktoren.

Resilienzfaktoren	
persönliche	umweltbedingte
• Optimismus und Humor • Akzeptanz • Emotionssteuerung • Selbstreflexion und Lösungsorientierung • Selbstverantwortung • Tragfähige Sinnkonzepte • Kontaktfähigkeit und Empathie	• Rückhalt aus Familie und von Freunden • Berater, Coaches, Therapeuten • Unterstützung durch Kollegen und Vorgesetzte am Arbeitsplatz • Erfüllende Arbeit • Materielle Absicherung

Persönliche Faktoren

Lassen Sie uns diese Faktoren im Einzelnen betrachten – wir starten mit den persönlichen Resilienzfaktoren.

- Resiliente Menschen haben eine *optimistische Grundeinstellung*, sie sehen das Glas eher halb voll als halb leer, geben auch in schwierigsten Situationen die Hoffnung nicht auf und verfügen häufig über ein gesundes Ausmaß an *Humor*. Wo Pessimisten auf Zynismus oder Sarkasmus zurückgreifen, können sie manchmal mit Humor in eigenen Angelegenheiten leichter mit der Situation umgehen und sie so entschärfen.

- Zudem können sie Dinge *akzeptieren* und verfügen so über die Fähigkeit, die Dinge so anzunehmen, wie sie eben sind, ohne lange mit den Umständen zu hadern. Das ist die Grundvoraussetzung, um mit Schwierigkeiten fertigzuwerden und eine Lösung zu finden.

- Resiliente Menschen sind in der Lage, ihre *Emotionen zu steuern*, vermeiden sprunghafte Überreaktionen und können mit einer gewissen Ausgeglichenheit oder sogar Gelassenheit mit ihren Gefühlen umgehen. Das bedeutet allerdings nicht, dass sie ihre Gefühle unterdrücken; vielmehr sind sie fähig, auch Trauer und Schmerz zuzulassen, auszuhalten und sich damit auseinanderzusetzen.

- Sie haben außerdem die kognitiven Fähigkeiten der *Selbstreflexion und Lösungsorientierung*. Sie können ihre Gedanken bewusst lenken, sich neuen Situationen stellen, Dinge aus unterschiedlichen Perspektiven analysieren und sich zielgerichtet auf die Lösung des Problems ausrichten. Hand in Hand damit verfügen sie meist über ein hohes Ausmaß an Lernfähigkeit.

- Vor allem aber verfügen »Stehaufmenschen« über eine der wichtigsten Eigenschaften im Leben, die sogenannte *Selbstwirk-*

samkeitsüberzeugung, das heißt, den festen Glauben, dass sie das »Heft ihres Lebens« selbst in der Hand halten, ihr eigenes Schicksal bestimmen und damit selbst die Dinge zum Besseren ändern

können. Dadurch handeln sie auch mit *Selbstverantwortung,* ohne sich (wie viele andere) nur als Opfer widriger Umstände zu sehen.

■ Resiliente Menschen haben meist *tragfähige Sinnkonzepte,* also Überzeugungen, dass ihr Leben lebenswert sei, und auch, dass die Schwierigkeiten, Krisen und Herausforderungen selbst einen Sinn haben und sie daran wachsen können. Über die Erkenntnisse des Wiener Psychologen Viktor Frankl, dass die Sinnhaftigkeit eine der tragenden Säulen im Leben des Menschen bildet, wurde ja bereits berichtet.

■ Schließlich spielt die Fähigkeit eine große Rolle, *mit Mitmenschen in Kontakt zu treten,* sich ihnen mitzuteilen, Unterstützung anzunehmen und gleichzeitig selbst mit *Empathie* und Einfühlungsvermögen dem Umfeld zu begegnen. Denn letztlich sind es oft die Menschen im eigenen Umfeld, die einen in Krisenzeiten stützen und stärken können.

Umweltbedingte Faktoren

■ Der *Rückhalt aus der Familie oder von Freunden* ist für viele Menschen in Krisen einer der wichtigsten Stabilisatoren. Wie oft hört man den Satz: »Ohne meine Frau … ohne meinen Bruder … ohne meine Freundin … hätte ich das nicht durchgestanden.« Schon Emmy Werner, jene erste große Resilienz-Forscherin, hatte bei der Kauai-Studie festgestellt, dass der Schlüssel zur inneren Stärke und der allergrößte Schutz im Leben die frühe Bindung zu einer nahestehenden Bezugsperson ist. Schon eine einzige enge Bindung könne ein Kind so stark machen, dass viele negative Faktoren dadurch kompensiert werden könnten. Und auch später im Leben genügt manchmal ein einziger nahestehender Mensch, um einem zu helfen, eine schwere Krise durchzustehen. Manchmal genügt es sogar, dass dieser Mensch »einfach nur da« ist, ohne viel »tun« zu müssen.

■ In anderen Fällen kann es allerdings auch besser sein, Unterstützung von einer neutralen Person zu bekommen, etwa von einem *Berater, Coach oder Therapeuten*. Zum einen, weil sie in der Regel eine größere psychologische Kompetenz haben, wie man seelisch mit schweren oder auch traumatischen Belastungen zurechtkommt. Zum anderen aber auch, weil sie einem eben »nicht zu nahe stehen«, also nicht mit-betroffen oder befangen sind. Wer solche Berater in seinem Umfeld hat und weiß, dass er sich ihnen anvertrauen und sich auf ihre Unterstützung verlassen kann, wird eine Krise leichter meistern.

■ Auch am Arbeitsplatz kann man Unterstützung finden, von *Kollegen*, von *Vorgesetzten*, ja nicht selten auch vom *Chef*, wenn dieser beispielsweise Verständnis für eine Krise im privaten Bereich zeigt und dem Angestellten für eine gewisse Zeit einen »Schongang« ermöglicht. So kann auch das Arbeitsumfeld zum Resilienzfaktor werden, aber nicht nur das Arbeitsumfeld, sondern sogar die Arbeit selbst, wenn es eine *erfüllende und sinnstiftende Tätigkeit* ist, die einen gut fordert, ohne einen zu überfordern. Für manchen wird dann der Job zum »Anker im Sturm«.

■ Schließlich spielt auch der materielle Rückhalt eine nicht unwesentliche Rolle. *Die finanzielle Sicherheit* ist ein entscheidender Resilienzfaktor. So kann manch einer stabil bleiben, wenn er rechtzeitig vorgesorgt und sich (beispielsweise durch eine Versicherung) entsprechend abgesichert hat.

Das waren sicher noch nicht alle Faktoren, aber wohl die wichtigsten. Und was Sie betrifft, kommt es letztlich allein darauf an,

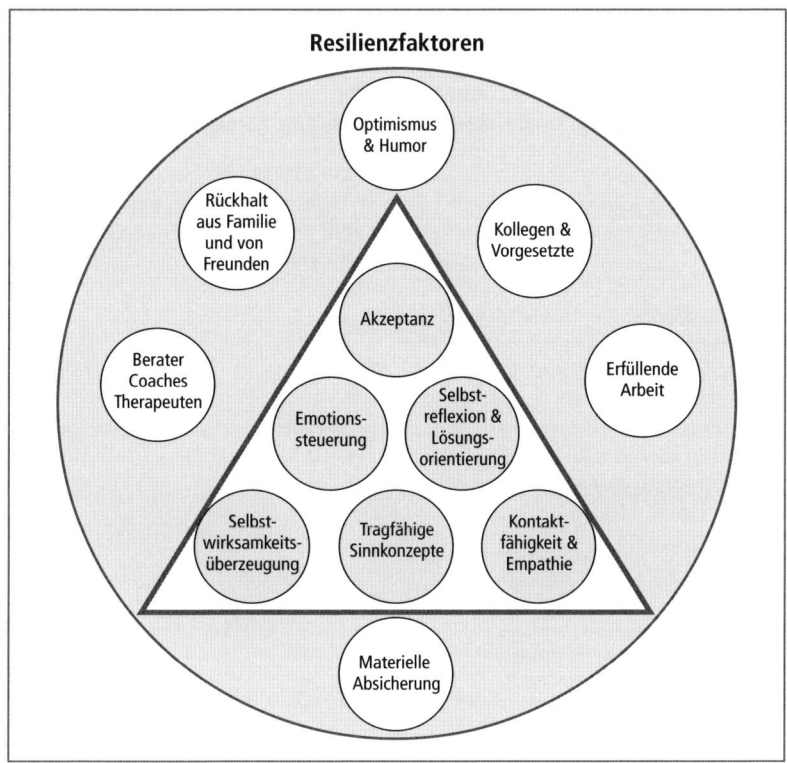

Resilienzfaktoren

Optimismus & Humor

Rückhalt aus Familie und von Freunden

Kollegen & Vorgesetzte

Akzeptanz

Berater Coaches Therapeuten

Erfüllende Arbeit

Emotions-steuerung

Selbst-reflexion & Lösungs-orientierung

Selbst-wirksamkeits-überzeugung

Tragfähige Sinnkonzepte

Kontakt-fähigkeit & Empathie

Materielle Absicherung

herauszufinden, welche davon *die für Sie* bedeutsamsten sind. In einem ersten Schritt könnten Sie dafür überlegen, wer der resilienteste Mensch ist, den Sie kennen. Und warum ist dieser Mensch so resilient? Über welche der oben genannten Faktoren verfügt diese Person Ihrer Meinung nach? Wenn Sie sich die Zeit nehmen wollen, dann schreiben Sie es sich am besten kurz auf. Vielen hilft es, wenn Sie eine Art Vorbild eines hochresilienten Menschen im Leben haben. Oft kann es dann guttun, sich in einer Krise zu fragen, wie dieser Mensch sich nun wohl verhalten und was er tun würde.

Nutzen Sie die Gelegenheit für Ihren persönlichen Resilienzcheck, um hinsichtlich der genannten Faktoren Ihr Resilienzprofil zu ermitteln.

Resilienzcheck: Wie resilient bin ich?

Lesen Sie bitte die folgenden 22 Aussagen und überlegen Sie, in welchem Ausmaß diese auf Sie zutreffen. Zählen Sie anschließend die Punkte Ihrer Aussagen zusammen.

	Trifft voll und ganz zu	Trifft zum Teil zu	Trifft gar nicht zu
1. In schwierigen Zeiten habe ich gute Freunde und mir nahestehende Menschen, die für mich da sind, mich unterstützen und auffangen können.	2	1	0
2. Es fällt mir leicht, bei Problemen Hilfe anzunehmen oder auch einzufordern.	2	1	0
3. Es fällt mir leicht, mit anderen Menschen über meine Probleme zu reden.	2	1	0
4. Ich habe schon eine / einige schwere Krisen in meinem Leben gemeistert.	2	1	0
5. Überwundene Krisen haben mich stärker gemacht.	2	1	0
6. Mich haut so schnell nichts um.	2	1	0
7. Ich habe gelernt, Schwieriges und auch Schmerzhaftes schnell anzunehmen und mit einer positiven Haltung meinen Weg weiterzugehen.	2	1	0
8. Ich halte mich für einen optimistischen Menschen, dem es selbst in dunklen Zeiten gelingt, das Positive zu sehen.	2	1	0

	Trifft voll und ganz zu	Trifft zum Teil zu	Trifft gar nicht zu
9. Ich habe gelernt, mit Traurigkeit, Wut, Frust und Enttäuschungen umzugehen.	2	1	0
10. Ich glaube, ich kann meine Emotionen gut steuern.	2	1	0
11. Ich verfüge über Humor und kann bei Missgeschicken auch über mich selbst lachen.	2	1	0
12. Es ist, wie es ist – ich versuche, das Beste daraus zu machen.	2	1	0
13. Ich fühle mich häufig allein mit meinen Sorgen und Problemen.	0	1	2
14. Es bringt nichts, lange nach Schuldigen zu suchen, vielmehr geht es darum, eine Lösung zu finden.	2	1	0
15. Für mein Leben bin einzig und allein ich selbst verantwortlich.	2	1	0
16. Ich bin überzeugt davon, mein Leben in der Hand zu haben und es gut steuern zu können.	2	1	0
17. Es fällt mir schwer, in Krisenzeiten einen klaren Kopf zu bewahren.	0	1	2
18. Alles hat seinen Sinn, auch wenn er oft erst später erkennbar wird.	2	1	0
19. Wenn jemand mich braucht, bin ich für ihn da; ich helfe anderen gerne.	2	1	0

	Trifft voll und ganz zu	Trifft zum Teil zu	Trifft gar nicht zu
20. In schwierigen Situationen hole ich mir Unterstützung von einem Coach, Therapeuten oder Berater.	2	1	0
21. Für schwere Zeiten bin ich finanziell gut abgesichert.	2	1	0
22. Ich habe eine erfüllende Arbeit und gehe einer sinnvollen Beschäftigung nach.	2	1	0

Auswertung:

31 bis 44 Punkte: Herzlichen Glückwunsch! Sie scheinen mit beiden Beinen fest im Leben zu stehen, eine gute Widerstandsfähigkeit zu besitzen und positiv in die Zukunft zu schauen. Doch auch ein Meister kann noch besser werden, und auch Sie können Ihre Resilienz immer wieder trainieren und optimieren.

16 bis 30 Punkte: Offensichtlich sind Sie im Grunde ein positiv denkender Mensch, der oft das Steuer im Leben fest in der Hand hält. Allerdings erleben auch Sie immer wieder Momente der Unsicherheit. Momente, in denen Sie Angst haben, Krisen nicht zu meistern. Das ist ganz normal – vielen Menschen geht es so wie Ihnen. Lassen Sie sich nicht entmutigen und stärken Sie Ihre Stehaufmännchenqualität mit den Ratschlägen, die Sie hier am ehesten ansprechen.

0 bis 15 Punkte: Krisen sind für Sie eine große Herausforderung. Möglicherweise hat das Leben Ihnen bisher noch nicht ausreichende Krisenstabilität vermittelt. Aber auch Sie können sie erlangen. Vertrauen Sie darauf, dass jeder Mensch im Innersten die Fähigkeit zur Resilienz hat, versuchen Sie in Zukunft, Krisen als Chancen zu sehen und nach und nach einige der Tipps in diesem Abschnitt zur Resilienz für sich umzusetzen.

Resilient in der Krise – stabilisierendes Krisenmanagement

Krisen kommen meist unerwartet wie ein Sturm: ein Todesfall, eine plötzliche, schwere Erkrankung, eine Trennung vom Partner, ein Unfall, eine überraschende Kündigung, der Verlust eines wichtigen Kunden oder eine disruptive Veränderung des Marktes. Und es ist völlig natürlich, dass uns solche Ereignisse schwer treffen und dazu führen können, uns aus dem Gleichgewicht zu bringen. Um Ihre Resilienz zu fördern und Ihre innere Stabilität wiederzugewinnen, dürfte es vorab sehr ermutigend sein, sich einige Dinge bewusst zu machen:

> **Entscheidend sind in erster Linie nicht die Ereignisse, die die Krise bewirken, sondern vielmehr die Art, *wie wir sie bewerten*.**

Wie stark uns Widrigkeiten im Leben beeinflussen können, hängt in erster Linie davon ab, *wie* wir auf sie reagieren. Schon der griechische Philosoph Epiktet erkannte: »Es sind nicht die Dinge selbst, die uns beunruhigen, sondern die Sicht, die wir auf die Dinge haben.«

Die Umstände machen oft nur zwanzig Prozent aus, zu achtzig Prozent ist unsere *innere Einstellung* verantwortlich. Daher beginnt der erste Schritt, um die Krise zu meistern, damit, die richtige Einstellung zu gewinnen. Es gibt im Leben immer zwei »Stellschrauben«, an denen man drehen kann: die eine ist außen, die andere ist innen. Man kann versuchen, in seinem Umfeld etwas zu verändern, was allerdings in Krisenzeiten zunächst nur schwer möglich ist (oder allenfalls als zweiter Schritt folgt), oder man kann zunächst an der Einstellung ansetzen, an der Sichtweise der Dinge, was meist viel wirkungsvoller ist (und der entscheidende erste Schritt ist). Oft verändern sich danach auch viele Dinge im Außen, jedenfalls fällt die aktive Veränderung dann viel leichter.

> **!** Wir sollten nie vergessen, dass unsere Psyche über eine Art
> ● *seelischen »Airbag«* verfügt, den wir in normalen Zeiten überhaupt
> nicht wahrnehmen (wie man ja auch vom Airbag im Auto auf der
> täglichen Fahrt nichts mitbekommt).

Wissenschaftler haben festgestellt, dass wir die Fähigkeit haben, mit Schwierigkeiten, ja sogar mit Schicksalsschlägen viel besser zurechtzukommen, als wir glauben. Studien zeigen, dass wir vor gefürchteten Ereignissen viel mehr Angst haben als notwendig. Der Grund: Wir überschätzen die Intensität der negativen Gefühle – und gleichzeitig unterschätzen wir die Fähigkeit und Schutzkraft unseres psychologischen Immunsystems, das heftigen Emotionen schnell die Wucht nehmen kann.

Emotionen sind nämlich keine konstanten Größen, sondern eher wellenartige Empfindungen, die sich in den ersten Momenten nach einem aufwühlenden Ereignis einstellen, dann aber rasch ihre Intensität und Durchschlagskraft verlieren. Insbesondere extreme Gefühlsausschläge aktivieren das psychische Immunsystem, den seelischen Airbag. Das geschieht zum eigenen Schutz, denn starke Erregungszustände sind für den Körper belastend und verhindern einen vernünftigen Umgang mit der Situation.

Machen Sie sich weniger Sorgen um die Zukunft.

Übrigens: Durch geringe Beeinträchtigungen wird diese innere Abwehr nicht ausgelöst. Möglicherweise ist das einer der Gründe, warum wir diesen psychischen Schutzmechanismus nicht bewusst wahrnehmen. Laut Daniel Todd Gilbert, Professor für Psychologie an der Havard-Universität, und Timothy D. Wilson, Professor für Psychologie an der University of Virginia, pendelt sich das innere »Wohlfühl-Barometer« selbst nach einem gravierenden Schicksalsschlag schnell wieder auf dem alten Niveau ein. So gibt es viele Berichte von Menschen, die in relativ kurzer Zeit mit einer körperlichen Behinderung oder einer Querschnittslähmung emotional zurechtgekommen sind und sich gut an diese neue Situation mit all ihren Schwierigkeiten angepasst haben, auch wenn ihnen das vorher unvorstellbar gewesen wäre. Daher ist die wahrscheinlich wichtigste Botschaft und Schlussfolgerung: Wir sollten uns weniger Sorgen um die Zukunft machen! »Ich bin im Allgemeinen ein sehr glücklicher Mensch, und ja, meine Forschung und die anderer haben mir dabei geholfen«, unterstreicht David Todd Gilbert. »Ich gehe heute größere Risiken ein, weil ich zuversichtlich bin, dass ich mit den Konsequenzen gut werde leben können. Und ich genieße die Gegenwart mehr, weil ich weiß, dass ich höchstwahrscheinlich auch in Zukunft glücklich sein werde, wie immer die auch aussehen mag.« – Und das kann er, weil er weiß: Unser psychisches Immunsystem ist eben wie ein Airbag im Auto oder ein Sicherheitsnetz unter dem Seiltänzer, das einen möglichen Aufprall lindert oder einen auffängt.

In zehn Schritten durch die Krise

Wir können lernen, auf jenen Airbag zu vertrauen – auch wenn wir ihn nicht sehen oder fühlen können! Allein dieses Bewusstsein kann unsere Furcht vor Krisen vermindern und einen wesentlichen Beitrag zu unserer inneren Stabilität leisten – die Sie mithilfe der folgenden Schritte aufbauen sollten.

Schritt 1: Klarheit schaffen

Verschaffen Sie sich Klarheit, *worum es wirklich geht*, wie schwerwiegend das krisenhafte Ereignis tatsächlich ist. In vielen Fällen überschätzen wir das Ausmaß der Krise zunächst, und manchmal kann man schon nach Klärung der Tatsachen feststellen, dass die negativen Folgen viel geringer sind, als man anfänglich annahm. In anderen Fällen (vor allem bei schweren Krankheiten) kann es wichtig sein, Alternativdiagnosen einzuholen, um eine mögliche Fehldiagnose oder Fehlprognose aufzuklären. Jedenfalls ist die nüchterne Tatsachenklärung immer ein erster notwendiger Schritt, um vernünftiger mit dem Ereignis umzugehen, die Krise sachlicher zu sehen und nicht völlig im (sich selbst verstärkenden) Strudel der negativen Emotionen unterzugehen.

Schritt 2: Annehmen, was ist

Das Grundgeheimnis im Umgang mit Krisen und Schwierigkeiten besteht darin, diese zunächst zu akzeptieren. Der innere Widerstand gegen das, was geschehen ist, und das Jammern und Wehklagen darüber verstärken die Krise meist nur noch. Wohlgemerkt: Nicht die Krise selbst ist das entscheidende Problem, sondern das innere Hadern damit, also eben die Ablehnung dessen, was ist.

> **Eine ganz andere Herangehensweise und auch eine viel heilsamere besteht darin, zunächst einmal das anzunehmen, was eingetreten ist, so schwer es auch sein mag. Einfach zu akzeptieren: »Ja, es ist so! Und ich nehme es an, auch wenn es wehtut, auch wenn ich es anders wollte, auch wenn ich Angst davor habe, auch wenn ich keine Ahnung habe, wie ich damit fertig werden soll … ja, ich nehme es an!«**

Eigenartigerweise, so paradox das klingen mag, ist diese Haltung dann auch schon der nächste Schritt zur Lösung. Denn dieser Weg bedeutet nicht, etwas einfach resigniert hinzunehmen und dann die Hände in den Schoß zu legen – der nächste Schritt nach dem Annehmen ist ja auf Veränderung oder Verbesserung gerichtet. Aber: Solange ich innerlich mit etwas hadere, es nicht akzeptieren will, in meinem Widerstand dagegen gefangen bin, habe ich keine richtige innere Energie, um etwas zu ändern. Allenfalls werde ich durch den Zwang getrieben, das Abgelehnte schnell zu beseitigen, wegzuschieben oder gar zuzudecken und zu verdrängen.

Allerdings ist dieser Schritt keineswegs leicht, im Gegenteil. Das Annehmenkönnen von etwas, das uns stört, das nach unserer mentalen Konzeption eindeutig anders sein sollte – ja, das ist wohl eines der schwierigsten Dinge in der Entwicklung des menschlichen Reifungsprozesses, aber es stärkt gleichzeitig unsere Resilienz.

Voraussetzung dafür ist zunächst, aufzuhören zu jammern und seine mögliche »Opferrolle« aufzugeben. Solange jemand dauernd Schuldige sucht (und in der Regel auch findet), die angeblich dafür verantwortlich sind, dass er in der Krise steckt, bleibt er in ihr gefangen. Und um es nochmals zu betonen: Das prinzipielle Annehmen einer bestimmten Situation bedeutet keinesfalls, dass Sie nicht trotzdem aktiv werden können, um die Situation zum Besseren zu verändern – im Gegenteil. Wenn Sie in der Krise stecken, geht es nicht darum, aufzugeben, sondern sie ohne Hadern zu akzeptieren, um dann damit fertigzuwerden.

Schritt 3: Die Krise als Chance sehen

Das Annehmen einer Krise kann noch leichter fallen, wenn man in der Lage ist, sie gleichzeitig als Chance zu sehen, als *eine Gelegenheit, innerlich zu wachsen, zu reifen und stärker zu werden.* Auch das chinesische Schriftzeichen für Krise »wei-ji« setzt sich zugleich aus den Zeichen für Gefahr und Chance zusammen. Überwundene Krisen können uns resilienter machen. Unsere innere Stärke nimmt weniger in Zeiten des Höhenflugs und der leichten Erfolge zu als vielmehr in schwierigen Zeiten. In ihrem bereits erwähnten Buch »Resilienz. Das Geheimnis der psychischen Widerstandskraft« berichtet Christina Berndt von etlichen Menschen, die persönliche Katastrophen nicht nur gut verwunden haben, sondern am Ende sogar noch gestärkt aus ihnen hervorgegangen sind. Auch nach traumatischen Erlebnissen haben einige Betroffene gesagt: »Was ich erlebt habe, möchte ich nie wieder erleben. Aber letztlich hat es mich weitergebracht. Ich habe neue Wege in meinem Leben aufgetan, den Glauben an mich entdeckt und insgesamt bin ich zu einer größeren Wertschätzung des Lebens gelangt.« – »Ich weiß nun, dass ich viel aushalte und künftig noch mehr aushalten kann.« Bei anderen wiederum wurden durch die Krise neue Potenziale geweckt, die komplett verschüttet zu sein schienen. Sie waren hinterher offenbar sogar noch zufriedener mit ihrem Leben. Manche behaupteten, intensiver zu leben und zu genießen als vor dem Unglück oder gar die Liebe zu ihren Angehörigen stärker zu spüren.

Krisen sind zweifellos schwer und können auch traumatisch sein, aber sie können uns gleichzeitig stärker und resilienter machen.

Schritt 4: Auch das Positive sehen

Einer Versuchsgruppe wurde ein Blatt mit zehn einfachen Rechnungen vorgelegt. Da stand beispielsweise: $12 + 7 = 19$; $26 - 4 = 22$; $5 + 8 = 13$, aber auch: $37 - 5 = 33$, also sofort erkennbar unrichtig. Die Frage an die Teilnehmer lautete: »Fällt Ihnen an diesem Blatt etwas auf?« – Und alle, ausnahmslos alle, antworteten spontan: »Da ist eine Rechnung falsch!« Keiner kam auf die Idee zu sagen: »Da sind neun Rechnungen richtig!«

Achten Sie auch auf die vielen Dinge, die richtig und gut laufen.

Das ist eine Haltung, mit der sehr viele Menschen (ich selbst übrigens auch oft) durch ihr Leben gehen. Die Gedanken richten sich automatisch auf irgendein ungelöstes Problem, eine Schwierigkeit, einen Fehler. Auf die vielen Dinge, die richtig und gut laufen, achten wir selten. Dieses Fehlerscreening mag sehr sinnvoll sein, wenn wir auf Gefahren reagieren müssen oder Fehler vermeiden wollen. Doch in Krisenzeiten führt es meist dazu, dass man nur noch auf die Krise fixiert ist, auf das Negative, und alle übrigen positiven Aspekte ausblendet. Das Gehirn vernachlässigt völlig, dass da noch »neun Richtige« sind, nämlich etliche andere Dinge, die positiv zu bewerten sind. Daher ist es gerade in schweren Zeiten so wichtig, sich diese Dinge immer wieder bewusst zu machen! Manchmal muss man sich fast dazu zwingen, als gäbe es einen inneren Widerstand, der einen abhalten will, einmal kurz die negative Brille abzulegen, um auch zu bemerken, was trotz allem noch positiv ist. Am besten nehmen Sie ein Blatt und schreiben sich diese Punkte auf. Am besten hängen Sie sich das Blatt an einer Stelle auf, wo Sie es immer wieder sehen, oder Sie machen sich jene positiven Dinge täglich bewusst. Damit imprägnieren Sie Ihre Psyche und machen sie krisenfester und resilienter. – Manchmal kann es allerdings auch helfen, wenn man sich bewusst macht, dass es Menschen gibt, denen es noch viel schlechter geht. Auch das kann bewirken, dass das eigene Problem nicht mehr ganz so schwer erscheint – oder im Verhältnis zu anderen Schicksalen leichter.

Schritt 5: Unterstützung suchen

Besonders in schweren Zeiten ist es legitim und ratsam, sich Unterstützung von nahestehenden Menschen zu holen oder diese Hilfe sogar einzufordern. Dafür sind unsere nahen Angehörigen und Freunde da, und es wäre eine völlig verfehlte Rücksichtnahme, sie mit den eigenen Problemen nicht belasten zu wollen. Im Gegenteil, viele Menschen freuen sich, wenn sie für einen da sein können! Um die Freunde, die sich dann verkriechen, ist es wahrlich nicht schade. Da trennt sich die Spreu vom Weizen! Und wie oben bei den Resilienzfaktoren schon ausgeführt, kann es oft auch ratsam sein, zusätzlich die professionelle Hilfe eines Coaches, Beraters oder Therapeuten zu suchen. Je schwerer die Krise, desto eher ist fachkompetente Unterstützung empfehlenswert oder gar notwendig (um im wahrsten Sinne des Wortes die »Not zu wenden«).

Schritt 6: Inneren Halt suchen

Aktivieren Sie Ihre *Stabilisatoren*. Vielleicht wissen Sie mittlerweile selbst schon, was Ihnen guttut und was Sie stärkt.

> **!** Ob Meditation, Tanzen, Wandern oder Musizieren, alles, was Sie
> **●** als stabilisierend und wohltuend erfahren haben, sollten Sie jetzt
> mit einer hohen Priorität auf Ihre Tagesagenda setzen.

Manchmal kann auch eine Auszeit guttun, um innerlich wieder ins Lot zu kommen. Und selbst wenn Sie sich für einige Zeit aus der Öffentlichkeit zu vertrauten Menschen zurückziehen, kann das hilfreich sein. Auch im Sturm streicht man die Segel, das Schiff wird durch den Kiel gehalten. Mit den Stabilisatoren stärken Sie gewissermaßen Ihren Kiel und werden in der Krise wieder stabil.

Schritt 7: Selbstvertrauen stärken

Je stärker Ihre Selbstwirksamkeitserwartung ist, also der Glaube an sich selbst und Ihre Fähigkeit, die Schwierigkeit zu meistern, desto stärker werden Sie sich fühlen und desto leichter werden Sie die Probleme lösen! Allein der Glaube »Das schaffe ich schon!« kann manchmal helfen, »Problemberge« zu versetzen. Und es ist keineswegs so, dass man diese innere Haltung einfach hat oder eben nicht hat. Vielmehr können Sie versuchen, sie bewusst in sich herzustellen – wie ein guter Coach in der Pause seine Fußballmannschaft wieder motivieren und moralisch stärken kann, auch wenn sie 0:1 oder 0:2 zurückliegt. Helfen kann dabei, wenn Sie sich bewusst machen:

- welche Schwierigkeiten und schweren Zeiten Sie in Ihrem Leben schon gemeistert haben,
- welche Fähigkeiten Sie besitzen, um mit der Situation fertigzuwerden,
- welche Menschen Sie haben, die Sie unterstützen können, und
- dass es viele andere Menschen gibt, die ähnliche Situationen oder gar noch schwierigere bewältigt haben.

Vor allem hilft es, wenn Sie sich ganz und ausschließlich auf Ihren Einflussbereich konzentrieren. In seinem Buch »Die sieben Wege zur Effektivität« empfiehlt Stephen R. Covey, sich nur auf das zu konzentrieren, was man wirklich beeinflussen kann (den sogenannten »Circle of Influence«), und nicht auf all das, was einen sonst noch belastet, worauf man aber keinen Einfluss hat (den sogenannten »Circle of Concern«). Dadurch kann man wieder ein Gefühl der Kontrolle und Selbstvertrauen erlangen.

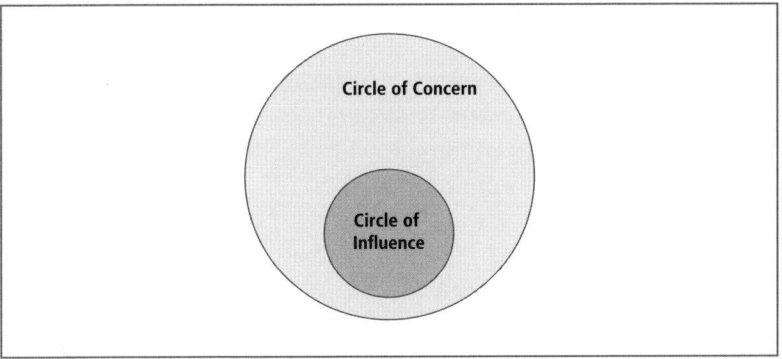

Innerhalb des »Circle of Influence« kann es genügen, erst einmal nur kleine Schritte zu tun und (wie eine befreundete Therapeutin es nennt) vorübergehend einfach nur »mit der kleinen Energie« weiterzugehen. Manchmal ist es angebracht, sich zu gestatten, auf Schongang umzuschalten. Und wenn man sich das erlaubt, kann das auch das Selbstvertrauen stärken: »Kleine Schritte mit kleiner Energie … das schaffe ich schon!«

Schritt 8: Schmerz und Trauer zulassen

Es ist völlig natürlich, dass in Krisenzeiten negative Gefühle auftauchen. Nicht nur Trauer und Schmerz, sondern auch Enttäuschung und Wut, Gefühle der Verzweiflung und Hoffnungslosigkeit oder der Wunsch nach Rückzug und Flucht können sich einstellen, und das auch bei grundsätzlich resilienten Menschen. Wichtig ist, sie nicht zu unterdrücken, sondern zuzulassen. Sie sind Teil des Verarbeitungsprozesses. Gleichzeitig gilt es allerdings, sich von ihnen nicht bestimmen zu lassen oder darin »unterzugehen«. Spätestens wenn sie in eine Depression übergehen oder Suizidgedanken auftauchen, sollte professionelle Hilfe in Anspruch genommen werden.

Doch kann es einem helfen, wenn man sich bewusst macht, dass negative Gefühle nun mal zum Leben gehören und die Kehrseite von Freude und tief empfundenem Glück sind. Nur wer auch negative Gefühle durchlebt, wird positive zu schätzen wissen. Vor allem nach einem Verlust ist das Durchleben der Trauer und des Schmerzes Teil des Heilungsprozesses – bei dem gleichzeitig die eigene Resilienz gestärkt wird. Wer diese Gefühle eisern unterdrückt, geht aus der Krise oft verbittert hervor; wer sie jedoch durchlebt, ist hinterher oft gütiger und mitmenschlicher.

Schritt 9: Neue Ziele setzen

Setzen Sie sich neue Ziele, gehen Sie neue Wege und haben Sie den Mut zur Veränderung. »Denn jedem Anfang wohnt ein Zauber inne, der uns beschützt und der uns hilft zu leben«, heißt es in Herrmann Hesses Stufengedicht, dem poetischen »Klassiker« für Changeprozesse. Richten Sie nun Ihre Aufmerksamkeit weg vom Problem hin zur Lösung und zum neuen Ziel. Das wird auch Ihre Wahrnehmung verändern. Nach dem Prinzip der selektiven Aufmerksamkeit filtert Ihr Gehirn nunmehr fast alle Informationen aus der Umwelt, die zur Erreichung Ihres Zieles nützlich sein können. Vielleicht kennen Sie das ja: Sie haben sich für ein neues Auto entschieden und plötzlich sehen Sie im Straßenverkehr fast nur noch Wagen dieser Marke. So ist es auch, wenn Sie sich für ein neues Ziel entschieden haben: Nun stoßen Sie auf lauter Ideen und Anregungen, die Sie dazu brauchen können.

Aber überfordern Sie sich dabei nicht. Gehen Sie es in kleinen Schritten an, lassen Sie sich Zeit, und vielleicht machen Sie gleichzeitig die Erfahrung, wie wohltuend und erfüllend das Beschreiten neuer Wege sein kann.

> **!** Bis ins hohe Alter können wir dazulernen und Neues ausprobieren
> **●** und unsere Persönlichkeit kann dabei wachsen und reifen.

Schritt 10: Loslassen, lernen, weitergehen

Danach lassen Sie bitte los, woran Sie noch festhalten, vor allem, wenn Sie noch mit etwas oder jemandem hadern. Machen Sie Ihren Frieden mit dem, was war, verzeihen Sie, wenn es etwas zu vergeben gibt, Sie tun es letztlich auch um Ihrer selbst willen. Denn Sie können dann unbeschwerter weitergehen. Nachsehen ist viel klüger als Nachtragen! – Machen Sie sich bewusst, was Sie durch die Krise gelernt haben. Und dann gilt (wie beim Sport): »Nach der Krise ist vor der Krise.« Die nächste »Prüfung« kommt bestimmt … aber nun sind Sie stärker, resistenter und resilienter und können mit Zuversicht weitergehen.

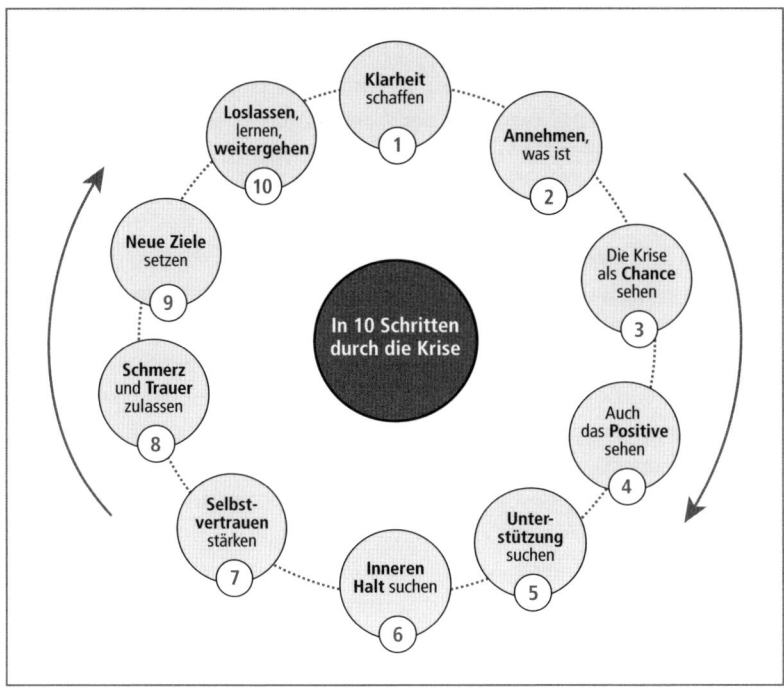

Proaktive Resilienzförderung

Es ist schon richtig, dass die persönliche psychische Widerstandskraft weitgehend in den ersten Lebensjahren und der Kindheit geprägt wird, doch auch als Erwachsener kann man seine Resilienz
durchaus noch stärken und trainieren. Man kann Resilienz lernen
und zu jeder Zeit des Lebens schulen. Das Potenzial dazu ist sicherlich bei weniger resilienten Menschen größer als bei resilienten.
Doch wie stark Ihre innere Widerstandskraft auch sein mag:

**Es lohnt sich immer, die Resilienz weiter zu fördern und
zu trainieren!**

Es ist kaum zu glauben, aber doch wahr: Sogar die harten Jungs der
US-Army haben von 2009 bis 2011 an einem Resilienztrainingspro-
gramm teilgenommen, das der Generalstabschef der US-Army, der
Vier-Sterne-General George Casey, mit einem Budget von 125 Millionen Dollar durchführen ließ. Er wollte eine Armee schaffen, die
auch psychisch so fit ist, wie sie es schon körperlich ist, und der
Schlüssel zur seelischen Fitness war auch für ihn Resilienz. Basie-
rend auf den Erkenntnissen der »Positiven Psychologie« von Martin Seligman, dem Präsidenten der American Psychological Associa-
tion, nahmen über eine Million Soldaten an dem Training namens
»Comprehensive Soldier Fitness« (CFS) teil, um ihre Seelen gegen
die psychischen Belastungen des Krieges zu wappnen. Ihr Optimismus sollte ebenso gestärkt werden wie ihre Zuversicht, sich nicht
unterkriegen zu lassen. Nach Auswertung aller Daten konnte man
feststellen, dass die geschulten Truppen nach 15 Monaten erheblich
höhere Resilienzwerte erzielten als die übrigen. Und entgegen aller
Bedenken von einigen Armee-Oberen, die gefürchtet hatten, ihre
»harten Jungs« würden das Training für »Psychoquatsch« halten,
bewerteten die Soldaten den Kurs mit 4,9 von 5,0 Punkten. Viele
von ihnen gaben sogar an, es sei der beste Kurs gewesen, den die
Armee je angeboten habe. – Doch Sie brauchen nicht erst zur US-
Armee, Sie können auch selbstständig Ihre Resilienz stärken und
trainieren.

Zehn Tipps zur Steigerung Ihrer Krisenfestigkeit

Die Tipps zur Steigerung Ihrer Krisenfestigkeit lehnen sich teilweise an Seligmans Programm »Road to Resilience« an, das im Internet unter http://www.apa.org/helpcenter/road-resilience.aspx zu finden ist.

Tipp 1: Den inneren Optimisten fördern

»To Hunt the Good Stuff« nennt Seligman eine der wichtigsten Gewohnheiten, um den Optimisten in sich zu stärken, »den guten Stoff aufstöbern«. Dazu brauchen Sie nur *jeden Abend drei Dinge aufzuschreiben, die an diesem Tag gut gelaufen sind.* Führen Sie ein Tagebuch über die positiven Ereignisse in Ihrem Alltag, seien diese vermeintlich auch banal, wie zum Beispiel die freundlichen Worte, die die Verkäuferin in der Bäckerei an Sie gerichtet hat. So berichtete ein Soldat bei einem Auslandseinsatz in Afghanistan, dass die wenigen Menschen, die einem einen Tee und Brot anboten, die vielen ausgleichen würden, die einen beschimpften und mit Steinen bewarfen.

Ebenso hilfreich ist es, wenn Sie sich immer wieder »die 9 Richtigen« bewusst machen – aber eben nicht erst in der Krise. Meine Großmutter hat mir noch beigebracht, mir jeden Morgen an meinen zehn Fingern zehn Dinge aufzuzählen und bewusst zu machen, für die ich an dem Tag dankbar sein kann. Auch Kleinigkeiten sind gemeint, wie das gute Wetter, das Treffen mit einem Freund zum Mittagessen, die erfolgreiche Prüfung meines Sohnes oder dass ich gesund bin. Ich führe mir diese »kleinen Dinge« oft beim Laufen vor Augen, das kostet keine zusätzliche Zeit, hebt aber die Laune und nährt meinen inneren Optimisten.

Tipp 2: Stärken erkennen und trainieren

»Build what's strong! – Don't fix what's wrong!« So lautet eine andere Devise von Seligman. Machen Sie sich Ihre Stärken bewusst und trainieren Sie diese, statt mühsam zu versuchen, Ihre Schwächen zu beseitigen, was man meistens ohnehin nicht schafft. Wer sich auf seine Stärken konzentriert und diese ausbaut, wird viel erfolgreicher und resilienter sein als jemand, der sich ständig auf seine Schwächen fokussiert. »Charakterstärken trainieren macht glücklich«, sagt der Schweizer Professor für Psychologie Willibald Ruch. Mit seinem »Zürcher Stärken Programm« kann man testen, über welche Stärken man verfügt, und diese dann trainieren (Sie finden es unter www.charakterstaerken.org/). Besonders wirkungsvoll sei es, wenn man seine Dankbarkeit, seine Neugier, seinen Humor und seinen Optimismus trainiert. Das fördert die eigene Resilienz am meisten.

Tipp 3: Selbstvertrauen stärken

Wer Selbstvertrauen hat, wird Krisen leichter meistern, das ist klar. Doch es ist keineswegs so, dass man Selbstvertrauen nun mal hat oder nicht. Vielmehr lässt es sich bewusst trainieren und stärken. Vor allem, *indem man sich immer wieder neu fordert, sich neue Ziele setzt und diese dann erreicht.* Dabei gilt es aber, auf die Machbarkeit der Ziele zu achten, um sich nicht zu überfordern, sonst werden Misserfolge wahrscheinlicher als Erfolge (vgl. dazu die Ausführungen zum »Flow« im ersten Teil des Buches). Wer ständig neue Herausforderungen sucht und meistert, wird damit sein Selbstvertrauen sukzessive stärken. – Zum Training kann auch beitragen, sich widrigen Situationen und Hindernissen entschlossen entgegenzusetzen und diese nicht einfach hinzunehmen, den Kopf einzuziehen oder gar in den Sand zu stecken. Vor allem, wenn Sie bisher dazu tendiert haben, nachzugeben, kann es für Ihr Selbstvertrauen förderlich sein,

> **Nehmen Sie Hindernisse nicht einfach hin – überwinden Sie sie.**

immer wieder einmal zu üben, für Ihr Recht einzutreten und sich durchzusetzen: wenn Sie nicht das gebuchte Hotelzimmer mit Aussicht bekommen haben, wenn das Essen im Lokal nicht schmeckt, wenn eine gekaufte Sache einen Mangel hat. Lassen Sie es sich nicht gefallen! Sie können dabei gleichzeitig höflich bleiben, aber bestimmt … und innerlich gelassen, wenn Sie es als Übung ansehen oder gar als Spiel, ein Spiel, das Sie innerlich stärker macht.

Notieren Sie sich alle positiven Rückmeldungen, die Sie von anderen bekommen, lernen Sie, auch Komplimente anzunehmen (jedenfalls wenn Sie merken, dass sie ernst gemeint sind). Das tut gut und stärkt das Vertrauen in sich selbst!

Tipp 4: Für sich selbst sorgen

Nehmen Sie sich immer wieder Zeit für sich selbst – Zeiten, in denen Sie entspannen können und Dinge tun, die Sie erfüllen und Ihnen guttun. Nehmen Sie sich Auszeiten für sich selbst. Möglichkeiten dazu finden Sie auch im Kapitel zu den Stabilisatoren im vierten Teil. Wer gewohnt ist, im Alltag gut für sich zu sorgen, dem fällt es auch in Krisenzeiten leichter, stabil zu bleiben.

Tipp 5: Das Potenzial schon gemeisterter Krisen nutzen

Machen Sie sich bewusst, welche Krisen Sie in Ihrem Leben bereits bewältigt haben. Am besten notieren Sie sich auf einem Blatt mit der Überschrift »Gemeisterte Krisen« Ihre Überlegungen zu den folgenden Punkten:

- Welche Krisen, Niederlagen, Rückschläge, Trennungen und schwierige Ereignisse haben Sie schon durchlebt und bewältigt?
- Wie haben Sie das geschafft, wer oder was hat Ihnen dabei am meisten geholfen?

- Welche Charaktereigenschaften und -fähigkeiten haben Sie, die Sie in kritischen Zeiten stützen und auf die Sie immer wieder zurückgreifen können?
- Was können Sie daraus für mögliche zukünftige Krisen lernen? Welche inneren »Krisen-Tools« haben Sie gewissermaßen immer im »seelischen Nothilfekoffer« dabei?

> **!** Machen Sie sich gleichzeitig bewusst, dass Sie an den schwierigen Situationen gewachsen und innerlich stärker geworden sind.

Tipp 6: Sich resiliente Menschen zum Vorbild nehmen

Schon bei den Ausführungen zu den Resilienzfaktoren habe ich angeregt, zu überlegen, wer der resilienteste Mensch ist, den Sie kennen. Wenn Sie einen solchen Menschen als Vorbild haben, wird dies (bewusst oder unbewusst) auch Ihre eigene Resilienz beeinflussen. Vielleicht investieren Sie dadurch sogar mehr in die Faktoren, die Ihre persönliche Widerstandsfähigkeit steigern. Dann gehen Sie gewissermaßen in Begleitung eines unsichtbaren »Resilienz-Paten« durch das Leben.

Tipp 7: In belastbare Beziehungen investieren

»Wer klug ist, sorgt vor« – auch zwischenmenschlich. In Krisenzeiten braucht man Freunde und nahestehende Personen, die einfach da sind, einem zuhören, die einen stützen oder auffangen können. Doch die finden sich nicht erst in der Krise, sondern unter den Menschen, zu denen vorher schon eine intensive Bindung entstanden ist. Menschen, denen Sie vielleicht auch schon geholfen oder beigestanden haben. Pflegen Sie also Ihre sozialen Kontakte.

Manchmal finden sich diese Personen auch in Vereinen oder Interessengemeinschaften, in denen Sie sich engagieren. Eine Bekannte von mir, die sich in ihrem Kirchenchor mit viel Zeit und Einsatz eingebracht hatte, erfuhr durch einige Chormitglieder in einer schweren Periode eine tragende Unterstützung und Zuwendung.

❗ **Stellen Sie sich immer wieder die Frage: »Bin ich ein Mensch, auf den andere sich verlassen können? Ein Mensch, von dem meine engsten Freunde und mir sehr nahestehende Personen wissen, dass ich immer für sie da bin?«**

Wenn Sie diese Frage mir gutem Gewissen bejahen können, dann können Sie Krisen gelassener entgegensehen.

Tipp 8: Loslassen üben

In Krisenzeiten geht es meist darum, etwas Gewohntes oder Geliebtes aufzugeben und loszulassen. Oft ist dies mit Trauern oder Schmerzen verbunden, aber der einzige Weg, um innerlich wieder auf die Beine zu kommen und weiterzugehen. Wer früh gelernt hat, loszulassen und zu akzeptieren, dass Veränderungen zum Leben gehören und letztlich auch den Weg zu Neuem frei machen, wird dies auch in schweren Zeiten leichter schaffen. Also üben Sie sich immer wieder darin, etwas loszulassen und sich auf Neues einzulassen!

Tipp 9: Lernbereitschaft trainieren

Krisenstandfestigkeit lässt sich auch im Alltag trainieren, insbesondere, wenn Sie Widrigkeiten und Hindernisse als kostenlose Lernmöglichkeiten ansehen können. Bereits kleine Schwierigkeiten sind Chancen zum Resilienztraining. Eine nicht funktionierende Rolltreppe kann durchaus verständlichen Ärger hervorrufen, besonders wenn Sie mit mehreren schweren Einkaufstaschen daherkommen. Sie könnten sich nun über die städtische Wartungsgesellschaft aufregen oder dass Ihnen das heute auch noch passieren muss. Oder Sie

Nutzen Sie jede Chance zum Resilienztraining.

schalten um und betrachten das Ganze als Chance, Ihre Muskeln zu aktivieren und noch etwas Bewegung in den Tag zu bringen. Und dann nehmen Sie mit Humor die Treppe nach oben. Wer geübt ist und immer wieder übt, auf kleine Missstände und Widrigkeiten im Alltag angemessen zu reagieren und sie als Herausforderungen zu sehen – wie ein Hürdenläufer die Hürden oder ein Segler eine Windböe –, der wird auch mit größeren Problemen besser zurechtkommen! Es gibt Menschen, die mit der inneren Haltung eines Spielers in den Tag gehen und fast schon gespannt darauf sind, was heute wieder schiefläuft, um es dann gelassen und mit Humor zu lösen … und sogar manchmal Spaß daran haben! Ja, auch diese Haltung lässt sich trainieren. Versuchen Sie es doch einfach mal, vielleicht erst nur einen Tag lang! Möglicherweise finden Sie sogar Gefallen daran. Mir gelingt es nicht immer, besonders nicht an Tagen, an denen ich unbewusst grummelnd durchs Leben gehe … aber wenn ich es ab und zu bewusst versuche, wundere ich mich jedes Mal wieder, dass es tatsächlich Spaß machen kann!

Übrigens: Mit dieser Haltung kann man dann auch Kritik als eine kostenlose Beratung ansehen, zumindest als Chance, etwas zu lernen.

Tipp 10: Das Wesentliche im Auge behalten

Halten Sie sich immer wieder vor Augen, was Ihr Leben sinn- und wertvoll macht, was Ihnen letztlich wichtig ist. Machen Sie sich bewusst, welche Ziele Sie auf lange Sicht in Ihrem Leben verfolgen. Daran gemessen kann eine Krise leichter als Durchgangsphase wahrgenommen oder zumindest in einem größeren Zusammenhang betrachtet werden. Auf einer Weltreise ist eine Autopanne verhältnismäßig harmloser als auf einem Wochenendausflug.

Behalten Sie also das letztlich Wichtige im Auge, Ihre Langzeitperspektive! Sie kann in Krisenzeiten wie ein Leuchtturm helfen, das Schiff im Sturm auf Kurs zu halten.

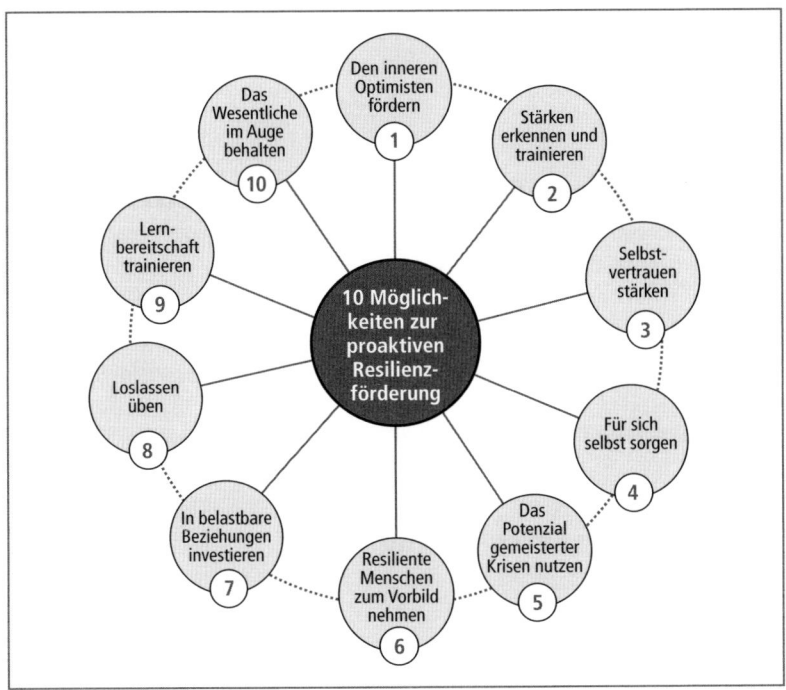

Teil 4: Zehn optimale Stabilisatoren

Nun geht es um Ihre Fähigkeit, sich im Alltag immer wieder zu stabilisieren und innerlich aufzutanken, um zur inneren Stabilität zu gelangen.

Stabilisator 1: Entspannung

Innere Stabilität ist ohne Entspannung nicht zu bewerkstelligen! Das mag vielleicht etwas plakativ klingen, ist aber dennoch wahr. Denn eine entspannte Grundhaltung stellt gewissermaßen das Fundament dar, auf dem das Gebäude der inneren Stabilität errichtet wird. Wer körperlich angespannt oder verspannt ist, der wird nicht nur seine Kräfte schlechter nutzen. Er hat es auch schwerer, bei Gegenwind stabil zu bleiben und bei erlittenen Niederlagen wieder aufzustehen. Je größer die Anspannung, desto notwendiger wird die Entspannung:

! **Jede Form körperlicher Entspannung fördert die innere Stabilität**
● **und Resilienz.**

Entspannung in kleinen Einheiten

Dabei sind es oft die kleinen Entspannungseinheiten, die uns weiterhelfen. Das gilt vor allem im Arbeitsalltag. Der verläuft bei nicht wenigen ja doch immer noch in altbekannter Manier: durcharbeiten ohne Pause. Dabei können wir den Belastungen und Anforderungen in der ersten Phase noch recht gut begegnen – aber das lässt nach, je länger wir arbeiten. Das Tückische dabei ist, dass wir in der Regel gar nicht merken, wann es Zeit für eine Pause wäre. Wir werden nur nach und nach immer ineffizienter (vor allem, weil die Konzentrationsfähigkeit nachlässt, auch wegen des unausgewogenen Verhältnisses zwischen Arbeits- und Pauseneinheiten) und müssen uns immer mehr anstrengen, um Leistung zu erbringen. Je mehr wir uns anstrengen, umso mehr verspannen wir uns, und weil wir in dieser Haltung mit der Arbeit nicht richtig vorankommen, strengen wir uns noch mehr an … ein Teufelskreis, der vor allem eines bewirkt: Die innere Balance gerät ins Wanken.

Für so manchen wird Entspannung heute allerdings zu einer anstrengenden, manchmal sogar schweißtreibenden Angelegenheit. Viele Menschen haben weder eine klare Vorstellung davon, *was* Entspannung eigentlich ist, noch wissen sie, *wie* Entspannung funktioniert. Und so sucht mancher die Entspannung im unübersehbaren Angebot der Freizeitbeschäftigungen und Zerstreuungen, im Fernsehen und Internet oder bei diversen sportlichen Aktivitäten. Und das muss auch alles gar nicht falsch sein – nur: Die Entspannung, die bei solchen Tätigkeiten gefunden wird, ist vor allem eine, die uns ablenkt und zerstreut. Und das ist in der Regel *nicht* diejenige, die uns stabilisiert, zu uns selbst finden lässt und uns ausreichend immunisiert gegen die destabilisierenden Kräfte, die uns aus der Balance bringen.

Immunisieren Sie sich gegen destabilisierende Kräfte.

Entspannung für mehr Stabilität

Es gibt einige sehr einfache stabilisierende Entspannungstechniken, die ohne großen Aufwand, ohne lange Lernprozesse und meist auch einfach zwischendurch ausgeführt werden können. Sie eignen sich damit ideal als Pausenfüller während der Arbeitszeit (mal etwas anderes als der vierte Kaffee in der Teeküche), als Trennstrich zwischen Büro und Feierabend oder als Notanker, wenn mal wieder alle auf einmal an der Tür klopfen.

Einfache Entspannungstechniken für Ihre innere Stabilität		
Entspannungsübungen	Atemtechniken	Schlaf
• Progressive Muskelentspannung • Tai-Chi / Qigong • Autogenes Training	• Entspannungsatmen • Ausgleichsatmen	• Ganz allgemein … • … und in der Kurzversion

Progressive Muskelentspannung

Es handelt sich dabei um eine sehr einfache moderne Entspannungsmethode, bei der nacheinander verschiedene Muskelgruppen des Körpers zunächst angespannt und nach einigen Sekunden wieder entspannt werden. Durch diesen Gegensatz zwischen Anspannung und Entspannung der Muskeln entsteht schnell ein körperliches Wohlbefinden. Und so geht's:

■ Setzen Sie sich aufrecht auf einen Stuhl, strecken Sie das rechte Bein waagrecht nach vorn, ziehen Sie die Fußspitze Richtung Körper und spannen Sie alle Muskeln des Beins so fest wie möglich an. Halten Sie die Spannung fünf bis sieben Sekunden und entspannen Sie anschließend 15 bis 20 Sekunden. Das wiederholen Sie zuerst mit dem rechten Bein, dann dasselbe zweimal mit dem linken Bein.

- Strecken Sie nun den rechten Arm waagrecht nach vorn, ballen Sie die Hand zur Faust, drücken Sie die Schulter nach vorn und spannen Sie den ganzen Arm an. Wieder die Spannung fünf bis sieben Sekunden halten, danach 15 bis 20 Sekunden entspannen. Wiederholen, dann dasselbe zweimal mit dem linken Arm.

- Zum Schluss den ganzen Körper anspannen, indem Sie beide Beine und Arme ausstrecken, die Schultern an die Ohren ziehen und eine Grimasse machen. Auch die Bauch- und Pomuskeln anspannen. Spannung fünf bis sieben Sekunden halten, entspannen und gegebenenfalls wiederholen.

Und bitte während der ganzen Übung das Weiteratmen nicht vergessen – sonst klappt es nicht mit der Entspannung.

Tai-Chi / Qigong

Diese miteinander verwandten Techniken sind zwei energetisierende Übungssysteme, bei denen man im Einklang mit dem Atem langsame und fließende Arm- und Beinbewegungen ausführt. Der festgelegte harmonische Bewegungsablauf erfolgt in gleichbleibendem Tempo und fördert eine zunehmende Entspannung von Körper und Geist. Beide Techniken stellen gewissermaßen eine Meditation in Bewegung dar – wenn es auch von außen betrachtet eher wie Gymnastik aussieht. Die vielfältigen positiven Wirkungen auf unseren Organismus und unsere innere Verfassung sind vielfach erforscht und belegt, so zum Beispiel die ausgleichenden Effekte bei Haltungs- und Wirbelsäulenproblemen.

Der Vorteil: Besondere Fähigkeiten oder Begabungen sind nicht erforderlich, die Übungen können nahezu überall praktiziert werden und sind relativ schnell erlernbar. Allerdings sollte man sie sich bei einem guten, ausgebildeten Lehrer aneignen.

Autogenes Training

Autogenes Training ist eine besondere Form der Autosuggestion, die zu sehr schneller Entspannung führt. Sie erreichen eine positive Grundstimmung, größeres Wohlbefinden und können mit den entspannenden Effekten außerdem Stress abbauen bzw. vorbeugen. Allerdings sollte autogenes Training nur unter systematischer Anleitung eines Fachmannes (in der Regel ein Arzt oder Psychologe) eingeübt werden. Außerdem benötigen Sie dafür einige Zeit und Geduld, erfahrungsgemäß mindestens sechs Wochen bei regelmäßiger Übung. Kurse zum autogenen Training werden an beinahe allen Volkshochschulen durchgeführt; daneben gibt es zahlreiche private Angebote.

Entspannungsatmen

Infolge von Stress und Hektik atmen die meisten Menschen zu schnell und zu viel ein und zu wenig aus. Hierdurch steigt der Kohlendioxydgehalt im Blut, und die Sauerstoffzufuhr ins Gehirn sinkt. Man verliert geistige Energie und Konzentrationsfähigkeit. Durch verstärktes und tiefes Ausatmen kann diesem Prozess entgegengewirkt werden. Gleichzeitig entspannt der Körper und regeneriert. Und so geht's:

■ Setzen Sie sich aufrecht auf einen Stuhl, schließen Sie die Augen und nehmen Sie für einen Moment Ihren Atem wahr, ohne ihn zu beeinflussen. Dann vertiefen Sie langsam Ihren Atem, indem Sie in den Bauch einatmen, die Luft kurz anhalten und dann langsam und intensiv ausatmen.

■ Wenn Sie alleine sind, können Sie das Ausatmen durch einen hörbaren F-Laut verstärken. Machen Sie wieder eine kurze Atempause und warten Sie, bis das Einatmen ganz von selbst wiederkehrt.

! **Wenn Sie diese Übung ein paar Minuten wiederholen, werden Sie
  in Kürze wesentlich ruhiger und entspannter sein.**

Ausgleichsatmen

Die »wechselseitige Nasenatmung« ist eine aus dem Yoga stammende Allroundübung, die schnell und anhaltend entspannt und die Nerven beruhigt. Obwohl sie etwas Konzentration erfordert, ist sie vom Prinzip her ganz einfach und kostet Sie nur zwei bis drei Minuten. So geht's:

- Setzen Sie sich aufrecht hin.

- Verschließen Sie mit einem Finger das linke Nasenloch und atmen Sie tief durch das rechte ein.

- Verschließen Sie jetzt mit einem anderen Finger auch das rechte Nasenloch und halten Sie den Atem drei bis sechs Sekunden an.

- Öffnen Sie nun das linke Nasenloch und atmen Sie langsam und vollständig aus.

- Nun atmen Sie durch das linke Nasenloch ein und wiederholen die vorherigen Atemphasen entsprechend (links ein, anhalten, rechts aus, rechts ein … usw.).

- Fünf bis zehn solche wechselseitigen Atemzüge genügen für den Anfang. Gegebenenfalls wiederholen Sie diese Übung mehrmals am Tag. Sie erreichen mit einer übersichtlichen Zeitinvestition eine optimale Entspannungswirkung!

Schlaf – ganz allgemein

Auch wenn Zeit Geld ist und so mancher nach dem Motto »Schlafen kann ich, wenn ich tot bin« zu leben scheint: Die Zeit, die Sie in Schlaf anlegen, ist besonders gut investiert. Denn Schlaf ist die wohl beste Regenerations- und Entspannungsmöglichkeit für Körper, Gehirn und Seele. Mangelnder Schlaf kann dagegen mit der Zeit zu schweren psychischen Schäden führen, den Verschleißprozess des Körpers beschleunigen und damit erheblich zur Destabilisierung beitragen.

Schlaf – in der Kurzversion

Der Blitzschlaf (auch Power-Nap oder Power-Napping) kann den Nachtschlaf nicht ersetzen, die entspannende und stabilisierende Wirkung können Sie sich aber zunutze machen. Entscheidend für den Regenerationseffekt ist dabei, nur kurz einzunicken, ohne in die Tiefschlafphase zu geraten. Denn erst beim Übergang in die Tiefschlafphase kommt es zur Ausschüttung des valiumartigen Schlafhormons, das Ihnen für die nächsten Stunden das Gefühl gibt, als hätten Sie Blei in den Gliedern. Um dies zu vermeiden, sollten Sie sich einen Wecker stellen – 15 bis maximal 20 Minuten reichen für eine Traumphase und den erwünschten Regenerationseffekt aus.

Stabilisator 2: Meditation

Die intensivste und im Grunde genommen einfachste Form, innerlich aufzutanken, ist, zu schweigen und in die Stille einzutauchen. Nicht umsonst weisen alle religiösen und spirituellen Traditionen den Weg in die Stille. Ganz nüchtern betrachtet wirkt die Stille aber auch ohne weltanschaulichen Überbau. Eine Vielzahl von Untersuchungen hat unter anderem die folgenden positiven Effekte ergeben:

- Äußere Stille kann helfen, dass es auch in uns still wird und sich unsere Emotionen und Sorgen legen. Äußere Ruhe bewirkt also auch innere Ruhe. Wie in einem See nach einem Sturm das Wasser vom aufgewühlten Schlamm zunächst noch undurchsichtig ist und erst mit der Zeit der Dreck zu Boden sinkt und das Wasser wieder klar wird, so kann uns die Stille eine Dimension innerer Ruhe erschließen, die im normalen Alltag oft in Vergessenheit gerät. Der Vorteil für unsere innere Stabilität ist: Diese innere Ruhe kann bisweilen auch noch dann anhalten, wenn der äußere Lärm wieder einsetzt – und genau diese innere Ruhe ist es unter anderem, die uns widerstandsfähiger macht.

Äußere Ruhe bewirkt auch innere Ruhe.

- Ruhe hat auch messbare körperliche Effekte: Die Muskeln lockern sich, Pulsfrequenz und Blutdruck sinken. Stille entspannt also auch körperlich.

- Zudem wirkt Ruhe auch stressmindernd. Messungen haben ergeben, dass Meditation die Wirkung der Kortikoid-Stresshormone zumindest verringert, in bestimmten Konstellationen sogar ganz abbauen kann. Zudem ergeben sich positive Effekte für das Immunsystem, sodass auch in dieser Hinsicht eine stabilisierende Wirkung eintritt.

Lärm in zwei Formen

Kann man den äußeren Lärm nicht einfach abstellen oder sich ihm entziehen? Was auf den ersten Blick wie eine reichlich banale Frage klingt, erweist sich bei genauerem Hinsehen dann doch als ernsthafteres Problem. Natürlich: Es ist meistens nicht schwer, äußeren Lärm abzustellen – notfalls halt mit Ohrenstöpseln. Viel schwieriger ist es aber, mit dem umzugehen, was kommt, wenn der äußere Lärm versiegt. Denn dann bekommen wir es meist mit dem inneren Lärm zu tun: Gedanken, Sorgen und Ängste – und dieser »Lärm« kann viel belastender sein als der Rasenmäher in Nachbars Garten. Prinzipiell gibt es zwei Wege, sich die Stille in Ihrem Alltag als stabilisierenden Faktor zunutze zu machen:

■ den Weg der Meditation – eine strukturierte Form, meist verbunden mit einem bestimmten Inhalt, worauf sich die Aufmerksamkeit richtet,

■ oder die simple Variante: Einfach still sein.

Meditieren, aber wie?

Infolge der weltweiten Vernetzung von Kulturen und der Verbreitung der Religionen finden sich heute die verschiedensten Anleitungen, wie man am besten meditieren soll. Und irgendwann steht dann jeder, der sich dafür interessiert, vor der Frage, welche denn die »richtige« Meditationsform sei. Die Antwort ist im Prinzip ganz einfach:

> **!** Die »richtige« Meditationsform ist diejenige, die Ihnen persönlich
> **●** am meisten liegt und mit der Sie am besten und am leichtesten
> zurechtkommen und zu sich finden können.

Ihre eigenen Erfahrungen werden Ihnen also die Antwort geben. Und es ist durchaus möglich, dass Sie im Laufe der Zeit eine übernommene Meditationsform verändern oder eine neue als bereichernder erkennen werden. Meist ist es hilfreich, am Anfang eine Meditation unter fachlicher und seriöser Anleitung in einem Kurs zu lernen. Sie können aber auch alleine für sich beginnen, indem Sie beispielsweise die notwendigen Informationen einem entsprechenden Buch entnehmen. – Im Wesentlichen werden Sie immer wieder auf folgende Faktoren stoßen:

- Wichtig ist die *aufrechte Haltung* der Wirbelsäule. Diese fällt am leichtesten, wenn Sie *auf einem Stuhl mit gerader Lehne aufrecht sitzen*, Ihre Beine parallel halten, die Fußsohlen auf den Boden setzen (nicht unter den Stuhl gezogen) und die Hände auf den Stuhllehnen, auf Ihren Knien oder locker im Schoß ruhen lassen. Der Vorteil dieser Haltung besteht unter anderem darin, dass Sie sie ohne große Vorbereitung *überall* (in Ihrem Büro, in der Bahn, am Flughafen oder auf einer Parkbank) und vor allem unbemerkt praktizieren können.

- *Schließen Sie einfach die Augen …*

- *… und atmen Sie ruhig und tief in Ihren Bauch*. Gemeint ist die volle Zwerchfellatmung, bei der sich auch Ihr Bauch leicht hebt und senkt, nicht die »flache« Brustatmung, zu der man meistens im hektischen Alltag neigt. Halten Sie nach dem langsamen Einatmen den Atem ein bis zwei Sekunden an, atmen Sie langsam wieder aus und lassen Sie wieder eine kurze Atempause, bevor Sie erneut einatmen. Gerade diese kurzen Atempausen fördern das Innehalten und Zu-sich-Kommen.

- Es hilft außerdem, wenn Sie möglichst immer zur selben Zeit am Tag und am selben Ort meditieren und so einen zeitlichen und örtlichen Ankerplatz für das Gehirn schaffen.

- An sich wäre es das auch schon! Wären da nicht *die Gedanken, der innere Lärm*. Viele im Alltag verdrängte Sorgen, Ängste, Wünsche und Pläne melden sich dann zu Wort, wenn wir eigentlich endlich einmal nur Ruhe haben wollen. Und das Dilemma dabei ist: Je mehr wir dagegen ankämpfen und versuchen, die Gedanken und Stimmen in uns zum Schweigen zu bringen, desto schlimmer kann es werden. Was tun? Zwei Dinge können Ihnen helfen, damit umzugehen:

1. Machen Sie sich damit keinen Stress! Es ist völlig normal. Jeder, der meditiert, macht diese Erfahrung. Es entspricht der natürlichen Arbeitsweise unseres Gehirns, sofort nach einer Beschäftigung zu suchen, sobald mal nichts geschieht. Also *erlauben Sie sich, diesen Vorgang zunächst einfach nur wahrzunehmen.* Aber verbieten Sie sich nicht zu denken (was sowieso nicht geht!) und seien Sie auch nicht frustriert oder ärgerlich darüber, dass Sie gedanklich abschweifen – dadurch wird es nur noch schlimmer. Wenn möglich, entspannen Sie dabei und nehmen Sie gelassen wahr, dass Sie mal wieder in Gedanken unterwegs sind. – Und dann:

2. *Kehren Sie mit Ihrer Aufmerksamkeit zu Ihrem Atem zurück!* Das Atmen hat nämlich nicht nur eine körperlich beruhigende Funktion, sondern ist gleichzeitig ein geistiges Mittel, um die Aufmerksamkeit zur Ruhe kommen zu lassen. Beobachten Sie Ihren Atemfluss. Manchen Menschen hilft es, dabei leise mitzuzählen: beim ersten Ein- und Ausatmen »eins, eins, eins – eins, eins, eins«, beim nächsten Ein- und Ausatmen »zwei, zwei, zwei – zwei, zwei, zwei« und so weiter. Wenn Sie bei zehn angelangt sind, beginnen Sie wieder mit eins. Wenn Sie merken, dass Sie gedanklich abschweifen, fangen Sie wieder von vorne an.

❗ Wichtig ist: Setzen Sie sich vor allem nicht unter irgendeinen ● Erfolgszwang.

Es geht beim Meditieren nicht um irgendeine Leistung, auch nicht darum, wer länger durchhält (optimal sind für den Anfang zehn bis 20 Minuten, doch schon fünf oder auch nur eine Minute können viel bewirken). Nichts muss geschehen, nichts muss sich einstellen, weder besondere Gefühle noch erleuchtende Erkenntnisse. Je weniger Sie erwarten und je mehr Sie darauf verzichten, es perfekt oder »richtig« machen zu wollen, umso leichter werden Sie entspannen und zur Ruhe kommen. Außerdem tritt die eigentliche Wirkung der Meditation erst mit der Zeit aufgrund der Regelmäßigkeit ein. Denn Meditation hat zwar immer auch eine unmittelbare Wirkung, doch die spürbare Wirkung ist gewissermaßen »kumulativ« und nicht »instant-reaktiv«. Geben Sie daher am Anfang auch nicht sogleich auf, falls Sie noch keine große Wirkung merken. Lassen Sie sich möglichst vier bis sechs Wochen Zeit, bis Sie entscheiden, ob Sie weitermachen oder nicht. – Und wenn es Ihnen gar nichts bringt, dann lassen Sie es eben. Es gibt noch genügend andere Möglichkeiten, innerlich zur Ruhe zu kommen und aufzutanken!

Silentium!

Stille ist eine der stärksten und intensivsten Möglichkeiten, uns innerlich zu regenerieren, und diese Möglichkeit erscheint auf den ersten Blick einfacher umsetzbar als Meditation. Aber das kann täuschen. Denn es ist gar nicht so einfach, Orte der Stille zu finden (fast überall umgibt uns eine Geräuschkulisse). Noch viel schwerer ist es, Stille auszuhalten – und das hat wieder mit dem inneren Lärm zu tun, dem Lärm der Gedanken, Sorgen und Ängste. Und doch lohnt es sich, die Sache mit der Stille auszuprobieren. Gehen Sie es langsam an. Folgende Tipps helfen dabei:

- *Schaffen Sie in Ihrem Alltag »Inseln der Stille«:* Augenblicke, in denen Sie kurz innehalten. Am besten, Sie schließen die Augen, richten Ihre Aufmerksamkeit nach innen und folgen dem Fluss Ihres Atems. Das können Sie morgens nach dem Aufwachen machen, an Ihrem Arbeitsplatz, in der Mittagspause auf einer Parkbank, aber genauso gut in der S-Bahn, in einem Taxi oder im Flugzeug. Selbst dann, wenn um Sie herum noch ein paar Geräusche sind. Schon zehn bis 15 Minuten können ausreichen, um ruhig zu werden und innerlich wieder ins Gleichgewicht zu kommen.

- *Schaffen Sie sich Orte der Stille.* Einen Ort ohne Fernsehen, Musikberieselung oder sonst einer Ablenkung, am besten aber einen Platz, den Sie immer wieder aufsuchen, wenn Sie still werden wollen. Natürlich können Sie auch an Ihrem Schreibtisch die Augen schließen und kurz abtauchen. Doch es kann hilfreicher sein, sich dafür einen eigenen Platz zu reservieren. Dann koppelt Ihr Nervensystem mit der Zeit die Erfahrung des Stillwerdens und Innehaltens mit diesem Platz und schaltet gewissermaßen automatisch auf »Ruhe«, wenn Sie sich dorthin begeben. – Solche Orte der Stille können Sie übrigens auch unterwegs aufsuchen, beispielsweise in einer Kirche, egal, ob Sie sich ihr konfessionell zugehörig fühlen oder nicht (der Stille ist das egal).

- *Nutzen Sie Wartezeiten als Zeiten der Stille.* Angenommen, Sie kommen zum Bahnhof und stellen fest, dass Ihr Zug mal wieder 25 Minuten Verspätung hat. Darüber könnten Sie sich aufregen. Sie könnten diese »geschenkte Zeit« aber auch als Chance sehen, einfach mal nichts tun zu müssen und sich in Ihrem immer schnelleren Tagesablauf eine Ruhepause zu gönnen. Gleiches gilt für einen Stau – auch er kann eine willkommene Zwangspause darstellen, die Ihnen Gelegenheit bietet, still zu sitzen und einfach auf Ihren Atem zu achten.

❗ STAU steht dann für:
- **»Stille Tanken Aufgrund Unterbrechung«.**

Stabilisator 3: Bewegung

Bewegung ist an sich ein Urbedürfnis unseres Organismus und elementarer Bestandteil unseres genetischen Bauplans. Wer Kleinkinder hat oder beobachtet, weiß das: Ihrem Bewegungsdrang lässt sich nur selten etwas entgegenstellen – zumindest bis zu dem Alter, in dem die Playstation interessant wird. Unser Körperbau ist darauf angelegt, uns in Bewegung zu halten; als Bewegungsmuffel sind wir eigentlich eine »lebende Fehlkonstruktion«. Unzählige körperliche wie auch seelische Krankheiten könnten durch Bewegung verhindert oder geheilt werden. Darum gilt:

**Bewegte Menschen leben gesünder und glücklicher,
sie tun aktiv etwas für ihre innere Stabilität!**

Der unbewegte Mensch

Umso bedauerlicher ist es, dass dieser Stabilisator von so wenigen genutzt wird. Trotz der seit Jahren anhaltenden Fitnesswelle (die ja manchmal mit beinahe missionarischem Eifer vorangetrieben wird) scheint der Anteil derer, die sich Winston Churchill zum Vorbild nehmen (»First of all – no sports!«), ungebrochen hoch. Weniger als ein Drittel aller Erwachsenen betätigt sich mindestens einmal pro Woche sportlich. Viele bewegen sich aus dem Bett an den Frühstückstisch, von dort ins Auto, erreichen mit dem Fahrstuhl den Bürosessel, sitzen zwischendrin in der Cafeteria oder Firmenkantine und verbringen den Abend vor dem Fernseher.

Dabei sind die Folgen mangelnder Bewegung zahlreich und keinesfalls unbeachtlich: Haltungsschäden, Rückenschmerzen und Osteoporose, Übergewicht, Bluthochdruck und Herzinfarkt, erhöhte Insulinproduktion, Diabetes und Arteriosklerose, chronische Müdigkeit, Konzentrationsprobleme und Schlafstörungen sind nur einige der Konsequenzen, mit denen unser Organismus die ausbleibende körperliche Aktivität quittiert.

Doppelter Nutzen

Die »Bewegungsapostel« stellen meist die Vorteile körperlicher Fitness in den Mittelpunkt. Und die sind zweifelsohne nicht unbeachtlich. Eine kleine Auswahl:

- Bewegung verzehnfacht die Sauerstoffversorgung des Körpers, sie versorgt das Gehirn mit Energie und steigert so die Gedächtnisleistung.

- Der Energiegrundumsatz wird um 25 Prozent gesteigert und reguliert den Appetit.

- Schädliche Blutfette werden verbrannt und Stresshormone abgebaut.

- Die körperliche Leistungsfähigkeit wird durch Vermehrung der winzigen körpereigenen Kraftwerke, der Mitochondrien, gesteigert.

- Die vermehrte Ausschüttung des Kreativitätshormons ACTH stimuliert unsere geistige Leistungskraft.

- Herzleistung und Gefäßdurchblutung werden verbessert, die Muskulatur und Gelenke gestärkt, die Verdauung wird aktiviert und unser Immunsystem gefestigt.

- Und nicht zuletzt fördert Bewegung auch einen erholsamen Schlaf.

Allein diese Gründe könnten schon genügen, zu mehr Bewegung zu bewegen. Aber es geht noch um mehr. Denn Bewegung wirkt sich auch auf unser Gemüt aus. Und das nicht nur, weil ja bekanntermaßen ein gesunder Geist in einem gesunden Körper lebt. Je besser wir uns körperlich fühlen, je fitter und gesünder wir sind, umso besser geht es uns auch in psychischer Hinsicht, desto weniger beeinträchtigen uns destabilisierende Ereignisse. Schon deswegen wird jemand, der für sein inneres Wohlbefinden sorgen will, sinnvollerweise auch seinen Körper immer wieder durch Bewegung fit halten.

Biochemie hilft

Aber es sind auch ganz handfeste und nachweisbare biochemische Prozesse, die für die Bewegung als einen wichtigen und ernst zu nehmenden Stabilisator sprechen. Prinzipiell (und wie so häufig bei diesen sehr komplexen Sachverhalten: auch sehr vereinfacht) geht es um das Zusammenspiel von drei Botenstoffen:

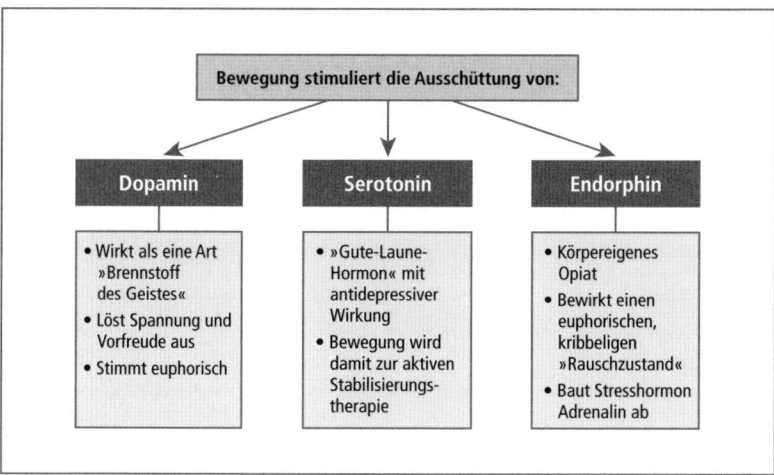

Genauso, wie Bewegung sich positiv auf die Gemütslage und die innere Stabilität auswirkt, zeigt mangelnde Bewegung in dieser Hinsicht negative Folgen. Es gibt einen verhängnisvollen Zusammenhang zwischen zu wenig Bewegung und Depressionsanfälligkeit. Aufgrund mangelnder Muskelaktivität unterbleibt die Stimulierung der Zwischenhirnareale, die für die Produktion insbesondere von

Dopamin und Serotonin zuständig sind. Die Folge sind Lustlosigkeit, Mattheit, weiterer Bewegungsmangel – letztlich entsteht so ein Teufelskreis, aus dem es aber glücklicherweise einen Ausweg gibt: mehr Bewegung!

Energieinvestment bringt neue Energie

Für die Frage, welche Art von Bewegung die beste ist, gilt: Wichtig ist erst mal, dass überhaupt eine Form von Bewegung stattfindet. Es gibt ein paar Aspekte, die die Umsetzung erleichtern und den Erfolg beschleunigen:

■ *Suchen Sie etwas, das Ihnen Spaß macht.* Sonst kostet es Sie zu viel Mühe und Selbstüberwindung. Sie müssten dann permanent gegen innere Widerstände ankämpfen, sich selbst überwinden – und Sie produzieren dabei mehr Stress- als Freudehormone!

■ Achten Sie auch darauf, dass die Art der Bewegung zu Ihrer *körperlichen Verfassung und Konstitution passt.* So sollten Menschen mit Rückenschmerzen nicht viel Rad fahren, um ihre Wirbelsäule nicht noch zusätzlich zu strapazieren, und stark Übergewichtige am Anfang nicht laufen, um Gelenke und Bänder zu schonen.

■ Wählen Sie eine Sportart mit *möglichst gleichmäßigen und rhythmischen Bewegungen.* Ob es nun Joggen, Walken, Radfahren, Inlineskaten, Schwimmen, Skilanglaufen, Rudern oder das Training auf einem Laufband, Stepper oder Hometrainer ist: Gleichmäßige Bewegungen haben den Vorteil, uns in ihrer Einförmigkeit auch innerlich zu stabilisieren. Das alles läuft subtil und kaum merkbar ab, aber es wirkt: Mit dem Rhythmus wird der Atem regelmäßig und mit der Zeit gelangen wir in einen ruhigeren und stabilen Grundzustand.

- *Strengen Sie sich nicht an!* Ihr Ziel ist ja nicht die Teilnahme an olympischen Auswahlentscheidungen. Wie so häufig gilt auch hier: Weniger ist mehr, und vor allem Bewegungsanfänger neigen zu Übertreibung. Ich musste das selbst erst lernen. Ich laufe nun schon seit über 35 Jahren regelmäßig. In den ersten Jahren sah das wie bei so vielen anderen auch aus: Ich lief in gutem Tempo, so, wie ich mich fühlte, und powerte mich richtig aus – ohne Pulsuhr und ähnlichen Schnickschnack, wie ich es nannte. Doch dann erfuhr ich bei einem Belastungstest: Ich lief ziemlich ineffektiv, mit viel zu viel Anstrengung in einem hohen Pulsfrequenzbereich, sodass ich nur Zucker und kein Fett verbrannte. Demütig lernte ich wieder einmal die alte Weisheit: Weniger ist mehr. Ich lief dann eine Zeit lang mit Pulsmesser: viel langsamer, aber mit viel größerer Wirkung! Den Fehler, zu schnell zu laufen, machen sehr viele, die meisten – wie auch ich – aus reiner Unkenntnis. Es lohnt sich also – nicht nur beim Laufen –, sich gut zu informieren, um die typischen Anfängerfehler zu vermeiden und die positiven Effekte der Bewegung nicht ins Gegenteil zu verkehren.

- *Achten Sie auf die Umgebung.* Am besten ist es natürlich, eine Bewegungsform zu wählen, die Sie in die freie Natur führt, wenigstens aber doch in den Stadtpark oder eine Grünanlage. Wer seine Arbeitstage im kunstlichtgefluteten Büro verbringt und sich dann am Abend zur Absolvierung seines Trainingsprogramms in der neonbeleuchteten Halle eines Fitnessstudios wiederfindet, dem fehlt mit der Zeit vielleicht einfach der Bezug zu Luft, Licht und Wasser. Für den Muskelaufbau mag das egal sein, aber psychisch stabiler wird man dabei nicht unbedingt.

Untersuchungen haben ergeben, dass Laufen in der freien Natur zu wesentlich besseren Stimmungswerten führt als auf dem Laufband im Fitnessstudio.

- *Achten Sie auch darauf, ob Sie allein oder mit anderen unterwegs sind.* Kommunikation und Unterhaltung können durchaus zur inneren Stabilisierung beitragen. Es ist nur eben so, dass andere einen auch immer ein wenig ablenken von sich selbst. Für die stabilisierende Wirkung ist der Aspekt des Alleinseins ausgesprochen förderlich. Ansonsten bewegt sich zwar der Körper, aber man nimmt weder die Umgebung ringsherum noch sich selbst wirklich wahr. Auch wenn es Sie vielleicht am Anfang etwas mehr Überwindung kostet: Mit der Zeit werden Sie diese Zeiten des »Eintauchens« in den Rhythmus Ihrer Bewegungen, in die Natur und in sich selbst immer mehr genießen. Natürlich kann man auch mit anderen schweigend laufen oder walken und mit der Aufmerksamkeit bei sich bleiben. Vielen Menschen fällt das aber nicht so leicht.

Ganz konkret

Spitzenreiter und größter Favorit unter allen Bewegungsmöglichkeiten ist zweifelsohne das Laufen. Vor allem für Menschen mit geringen Zeitreserven bietet es den Vorteil, dass man mit wenig Aufwand (schon 30 Minuten genügen) viel erreichen kann. Und da Sie in der Regel von daheim loslaufen können, sparen Sie sich Anfahrts- und Vorbereitungszeiten. Doch letztlich müssen Sie selbst entscheiden, was für Sie und Ihr körperliches und inneres Wohlbefinden das Beste ist.

❗ Ein ganz probates Mittel sind Mini-Bewegungstrainings, die sich ● ohne großen Aufwand in den Tagesablauf integrieren lassen.

Ein paar Beispiele:

- Fahren Sie wenn möglich mit dem Fahrrad zur Arbeit.

- Wählen Sie die Treppe statt des Fahrstuhls.

- Beim Telefonieren können Sie hin und her gehen oder zumindest stehen und Ihre Muskeln dehnen.

- Stehen Sie während der Arbeit immer wieder auf und wippen Sie auf Ihren Zehen (das können Sie natürlich auch schon beim Zähneputzen »einbauen«).

- Machen Sie in der Mittagspause einen Spaziergang – und seien es nur zehn Minuten.

- Und machen Sie Ihre Besorgungen vorwiegend zu Fuß.

Wahrscheinlich werden Sie in Ihrem Alltag noch eine ganze Reihe anderer Möglichkeiten finden, solche Mini-Stabilisierungseinheiten einzubauen.

Stabilisator 4: Musik

Sich mithilfe von Musik in einen stabileren Zustand zu bringen, hat etwas sehr Verlockendes. Denn Musik wirkt gewissermaßen von selbst, ohne dass wir selbst, wie zum Beispiel bei der Bewegung, etwas tun müssen. Nur zuhören müssen wir noch, und auch das nicht immer in einer aufrechten und aufmerksamen Haltung – in bestimmten Situationen funktioniert das auch ganz nebenbei. Warum ist das so?

Resonanzkörper Mensch

Nun, nach dem in der Physik herrschenden Resonanzprinzip tendieren verschiedene Schwingungen dazu, sich einander anzugleichen. Hören wir Musik, dann wollen sich innere Schwingungen in unserem Körper den äußeren Schwingungen der Musik anpassen: Herzschlag, Blutdruck und Gehirnwellen verändern sich. Schließlich wandelt sich mit diesen veränderten Parametern auch unsere Stimmung, bestimmte Klangmuster können uns gewissermaßen aufladen, aber auch tief entspannen.

Musik hat zum einen objektive Wirkungen auf unseren Körper und unsere Psyche, unabhängig von der persönlichen Einstellung zur Musik und individuellen Vorlieben. So hat man festgestellt, dass langsame Instrumentalmusik den Körper und die Seele eher beruhigt, während schnelle Musik unsere Wachsamkeit erhöht und unsere Aufmerksamkeit steigert. Ähnlich ist es bei den Harmonien: Einfache, spannungslose Akkordfolgen wirken beruhigend, während zum Beispiel verminderte Akkorde oder komplexe Harmoniefolgen (wie im Jazz) für viele Menschen anstrengend sind.

Es gibt noch eine Reihe weiterer Erkenntnisse zur stabilisierenden Wirkung von Musik:

■ Ähnlich wie Rauschmittel aktiviert Musik das körpereigene Belohnungssystem, wodurch Endorphine (die »Glückshormone«) ausgeschüttet werden. Und diese Endorphine wiederum wirken sich unter anderem positiv auf unseren Stresspegel aus, denn sie vernichten das schädliche Adrenalin. Kein Sport, keine andere Tätigkeit (außer vielleicht Sex) lässt die Nerven derart in Endorphinen baden wie Musik anzuhören, die uns gefällt.

■ Musik reduziert noch auf eine andere Weise Stress. Wird der sogenannte Vestibularnerv durch Hochfrequenztöne stimuliert, wie sie beispielsweise in gregorianischen Gesängen vorkommen, so spannt und entspannt er die Muskeln im ganzen Körper und fungiert als starker Stresslöser. In Versuchen konnten Menschen, die mit gregorianischen Gesängen als Hintergrundmusik arbeiteten, sich nicht nur besser konzentrieren und entspannter arbeiten, sondern brauchten nachts auch weniger Schlaf; allerdings bedurfte es dazu einer gewissen Gewöhnungszeit und es setzt auch eine gewisse Affinität zur Klangwelt der Gregorianik voraus.

■ Musik spricht Gehirnregionen an, die für *Wachheit und Aufmerksamkeit* zuständig sind. Auch wenn die akustische Stimulation der Großhirnrinde noch nicht vollständig erforscht ist, so ist doch die aufmerksamkeitssteigernde Wirkung insbesondere hoher Töne mehrfach wissenschaftlich nachgewiesen. Ebenso erhöhen zum Beispiel langsame Sätze von Bach die Konzentrationsfähigkeit.

■ Musik kann in schwierigen Situationen beruhigen. Spitzensportler entspannen sich mit sanften Klängen vor dem Wettkampf oder regenerieren sich damit in den Matchpausen. Auch für Kinder, die nicht einschlafen können, wirken die typischen Schlaflieder besser als jedes Beruhigungsmittel. Die heute oft übliche leise Musik in Operationssälen oder beim Zahnarzt hat nicht nur Schmuckfunktion. Patienten, denen vor und während einer Operation oder Behandlung Musik vorgespielt wird, benötigten nicht nur weniger Beruhigungsmittel, sondern auch weniger schmerzlindernde Medikamente. Und auch der Sicherheitsdienst der Münchner U-Bahn macht sich diesen Effekt zunutze, wenn er bestimmte als problematisch eingestufte Bahnhöfe leise mit klassischer Musik beschallt. Zugegebenermaßen eine Gratwanderung, denn auf der anderen Seite steht das Problem der Zwangsbeschallung im öffentlichen Raum; was im Einzelfall positive Effekte zeigt, kann in der Masse dann wieder das genaue Gegenteil, nämlich Stress und Aggression, bewirken. Es kommt also auch hier mal wieder auf die Menge an …

Mit Musik läuft manches besser – wenn sie gefällt

Die entscheidende Frage beim Einsatz von Musik als stabilisierender Faktor ist: Was gefällt Ihnen? Welche Musik tut Ihnen gut, bei welcher Musik haben Sie den Eindruck, am besten wieder ins Gleichgewicht zu kommen?

■ Finden Sie (wenn Sie das nicht schon längst wissen) zunächst heraus, welche Musik Ihnen besonders gefällt. Experimentieren Sie ruhig eine Zeit lang, auch mit Stilen, die Ihnen vielleicht noch nicht so vertraut sind. Vielleicht können Sie mit spezieller Entspannungsmusik etwas anfangen, vielleicht mit klassischer Musik von Bach, Mozart, Schubert oder Beethoven. Oder Sie finden heraus, dass Sie ein echter »Jazzer« sind und Duke Ellington genau Ihren Nerv trifft. Nicht ganz irrelevant dabei sind Situation und Tageszeit. So mancher kommt vielleicht nach einem stressigen Arbeitstag bei einer Puccini-Arie zur Ruhe – und kann mit demselben Stück am frühen Morgen unter der Dusche nichts anfangen.

■ Wenn Sie Ihren Stil – oder Stile – gefunden haben: Legen Sie sich eine Sammlung persönlicher »Stabilisierungsstücke« auf Ihrem Smartphone zu. So haben Sie notfalls auch unterwegs immer etwas Passendes im Ohr.

■ Eine weitere Möglichkeit, sich die positive Wirkung von Musik auf unser Gehirn zunutze zu machen, besteht im Einsatz von konzentrationsfördernden Alphawellen erzeugender Musik. Was hat es damit auf sich? In unserem Gehirn herrschen verschiedene Frequenzen der Gehirnströme. Im normalen Alltag überwiegen die sogenannten Beta-Frequenzen im Bereich von 15 bis 45 Hertz. In der Regel herrschen im Gehirn 20 bis 22 Hertz, doch je stressiger unsere Arbeit, umso höher die Frequenz – und das Tragische: Je höher die Frequenz, desto schlechter unsere Arbeits- und Konzentrationsfähigkeit. Die optimale Konzentrations- und Aufnahmefähigkeit haben wir aber nicht im Betabereich, sondern in der Alpha-Frequenz im Bereich von 7 bis 14 Hertz.

Wellen	Buchstabe	Darstellung	Hertz	Zustand
Beta	β	WWWWWWWW	15–45	wach (erregt)
Alpha	α	∿∿∿∿∿	8–14	entspannt-wach
Theta	θ	∿∿∿	3,5–7	Schlaf / Tiefenentspannung
Delta	δ	∿	unter 3	Tiefschlaf / Bewusstlosigkeit

- Alpha-Frequenzen aber lassen sich relativ leicht erzeugen. Sie selbst müssen gar nicht viel dazu beitragen. Da Ihr Gehirn auf Reize von außen mit der Kreation bestimmter Wellenmuster reagiert (Resonanzprinzip!), können Sie durch entsprechende Musikstücke Alpha-Frequenzen im Gehirn erzeugen. Fünf Minuten genügen schon. Wissenschaftliche Studien haben ergeben, dass besonders alle Largo- und Adagiostücke aus der Barockzeit (sofern klassische Musik Ihnen liegt) geeignet sind. Ansonsten bietet der Musikmarkt eine Vielzahl speziell hierzu komponierter Musikstücke; hören Sie in einem Fachgeschäft mal in diese Titel hinein und testen Sie, was zu Ihnen passt.

- Gönnen Sie sich immer wieder »Musik-Auszeiten« in Form von Konzert- oder Opernbesuchen. Natürlich tut es auch eine CD in der heimischen Stereoanlage, aber das Erlebnis in einem Konzertsaal oder Opernhaus kann intensiver sein – zumal das Ablenkungspotenzial geringer ist.

> **!** Auch die kleine Musikauszeit zwischendurch kann ausgleichend
> • und stabilisierend wirken, zum Beispiel ein paar Minuten in den
> Arbeitspausen oder auch auf Autofahrten.

Gerade im sowieso schon stressigen Berufsverkehr kann es besser sein, persönlich wohltuender Musik zu lauschen als dem, was Radiosender für uns auswählen.

Der Königsweg: selbst aktiv werden und musizieren.

Und dann gibt es natürlich auch noch die Variante, selbst ein bisschen mehr zu tun als nur den CD-Player einzuschalten. Denn die Wirkungen von Musik ergeben sich natürlich nicht nur, wenn man ihr passiv lauscht, sondern besonders intensiv auch dann, wenn man selbst aktiv wird. Wer ein Instrument spielt oder zum Beispiel in einem Chor singt, weiß um die ausgleichende und stabilisierende Wirkung dieser Tätigkeit. Zwei Stunden Chorprobe nach einem vollen Arbeitstag mögen anstrengend sein – aber wer einmal gesehen hat, mit welch strahlenden Gesichtern die Sängerinnen und Sänger den Probenraum verlassen, kann an den positiven Wirkungen dieses Hobbys kaum zweifeln. Und ganz egal, ob man ein Instrument spielt, das »Instrument Stimme« einsetzt oder die musikalische Ausdrucksform »Tanz« wählt – alle diese Formen der Beschäftigung mit Musik werden sich dauerhaft und zum Besten auf Ihre innere Stabilität auswirken.

Stabilisator 5: Natur

Ein paar Stunden in einem Wald, ein Strandspaziergang, eine Berg-
wanderung oder auch nur dreißig Minuten im Stadtpark – viele
Menschen machen die Erfahrung, wie beruhigend und erfrischend
der Kontakt mit der Natur sein kann.

> **!** Natur ist ein ganz einfaches Mittel, um sich innerlich wieder ein
> **●** wenig mehr ins Gleichgewicht zu bringen, dazu auch noch ständig
> verfügbar, meist leicht erreichbar und in der Regel kostenlos.

Eigentlich alles optimal – und dennoch: eigentlich zu wenig genutzt.
Wir scheinen ein wenig das Vertrauen in die Möglichkeiten, die die
Natur uns bietet, verloren zu haben und buchen zuweilen lieber
die Versprechungen, die uns ein fünftägiger Wellnesskurzurlaub im
Vier-Sterne-Superior-Resort bietet, statt darauf zu vertrauen, dass
eine einfache Wanderung durch den Bayerischen Wald einen hohen Erholungswert hat.

Das mag auch damit zu tun haben, dass das Verhältnis von Mensch
und Natur nicht mehr so ganz ungetrübt ist. Vor allem die Entwick-
lungen in den letzten 200 Jahren, die von großen wissenschaftlichen, wirtschaftlichen und industriellen Umbrüchen geprägt waren, haben dazu beigetragen, dass der Mensch sich zunehmend von
der Natur abgespalten hat. So verbringen wir heute einen nicht
unbeträchtlichen Teil unserer Lebenszeit in künstlich geschaffenen
Welten, die uns gegen die Natur weitgehend abschotten und allenfalls noch den Blick auf ein paar Bäume zulassen – aber das könnte
dann auch ein großer Flachbildschirm sein statt einer Fensterfront.
Der virtuelle Raum wird immer bedeutender, gerne betrachten wir
gewaltige Naturschauspiele auf Youtube-Kanälen, erinnern uns
aber kaum noch, wann wir das letzte Mal im Stadtpark waren.
Und seit die Selbstdarstellung in sozialen Medien einen nicht unbeträchtlichen Teil unserer Zeit in Anspruch nimmt, nehmen viele
oft sogar in der Natur selbst diese nur noch durch den Kamerafilter
des Smartphones wahr.

Natur tut gut

Dabei ist die regenerative Kraft unmittelbarer Naturerfahrung für den Menschen heute vielfach wissenschaftlich belegt – Natur tut gut, und das aus vielen Gründen:

■ *Weite schafft Überblick.* Ein weiter Ausblick erweitert die eigene Wahrnehmungsperspektive. Mit dem *Weitblick* gewinnt man auch wieder den *Überblick* über die eigene Situation und nicht selten führt diese erweiterte Perspektive auch zu neuen kreativen Ideen für das private wie berufliche Leben. Dass Natur kreativ macht, hat eine Studie über die Entstehung betrieblich bedeutsamer Innovationsideen bestätigt: Die meisten kreativen Einfälle hatten die Mitarbeiter nicht auf speziell zu diesem Zweck veranstalteten betriebsinternen Mitarbeiterworkshops, sondern in der freien Natur (ein Grund, warum Workshops besser nicht im Unternehmen selbst, sondern an einem anderen Ort, möglichst mit Naturbezug, stattfinden sollten). Ich selbst mache diese Erfahrung seit Jahren, wenn ich mich zum Schreiben in die Natur zurückziehe. Immer stelle ich den Schreibtisch ans Fenster: mit Blick in die Weite, auf die Berge, das Meer oder den See vor mir.

■ *Die Wirkung des Lichts.* Natürliches Tageslicht hat deutlich positive Auswirkungen auf unseren Körper und unsere Stimmung. Verantwortlich dafür ist die lichtempfindliche Zirbeldrüse, die bei mangelndem Licht verstärkt die Produktion des Schlafhormons Melatonin anregt. Die Folgen sind recht gut in den nordischen Ländern zu beobachten, wo die sogenannte saisonal abhängige Depression in den dunklen Herbst- und Wintermonaten zu einem starken Anstieg psychischer Erkrankungen führt. Umgekehrt hat Sonnenlicht belebende Wirkung. Es regt insbesondere die Produktion der »Wohlfühlhormone« Serotonin und Dopamin an. Das natürliche Tageslicht hat also eine signifikante Auswirkung auf unser Gehirn, die biochemischen Prozesse in unserem Körper und unsere Stimmung. Die Be-

handlung depressiver Menschen mit Lichtbestrahlung gehört
aus diesem Grund heute zum medizinischen Standard.

- *Die stabilisierende Kraft der Harmonie.*
In freier Natur erleben wir natürliche
Schönheit – die ist nicht immer perfekt
und makellos, aber zeitlos und harmonisch. Und diese Harmonie, dieser Zu-

> **Harmonie, Ruhe und Stille stabilisieren.**

sammenklang der Eindrücke wirkt positiv auf uns ein. Das be-
stätigen weltweit Mediziner und Psychologen, die sich mit der
Beziehung zwischen Immunsystem, Psyche und Nervensystem
beschäftigen. Beim Wandern durch blühende Wiesentäler, an
einem Bach in der Tiefe des Waldes, beim Anblick eines Son-
nenaufgangs am Meer, vor einem blühenden Mandelbaum ste-
hend oder vor der Pracht einer Gebirgskulisse: harmonische
Bilder und Klänge erzeugen harmonische Gefühle – und die
sind für unsere innere Ausgeglichenheit von entscheidender
Bedeutung.

- *Stabil mit Augen und Ohren.* Die Natur kann für alle Sinne eine
bereichernde Erfahrung sein – aber Augen und Ohren bekommen besonders viel Input. Neben dem sch⸱n erwähnten Licht
und seiner positiven Wirkung kommt auch d⸱ ⸱arben der Natur eine Bedeutung zu. Naturschauspiele bieten ⸱ ⸱ ⸱las ganze
Farbspektrum – aber besonders Blau- und Grünt⸱ ⸱ ⸱ielen
eine Rolle. Sicher haben auch Sie schon erfahren, wie ⸱ ⸱ ⸱ ⸱
tut, in das tiefe Blau des Himmels, des Meeres oder eines S⸱ ⸱
zu blicken. Genauso kann ein Spaziergang in der grünen Natur
und im Wald wahre Wunder wirken.
Auch für die Ohren ist vieles dabei: das Rauschen des Windes,
Vogelgezwitscher, das Plätschern der Wellen. Manchmal ist
allerdings gerade das, was man nicht hört, entscheidend: die
Stille, oder vielmehr: die Abwesenheit von künstlichen Geräu-
schen irgendwelcher technischer Geräte, das Fehlen des zivi-
lisatorischen Grundrauschens, das wir meist gar nicht mehr
wahrnehmen.

! Stille, die wir hören können, beruhigt und entspannt.

Um sich die stabilisierende Wirkung der Natur zunutze zu machen, braucht es nicht viel Aufwand. Natur ist letztlich immer verfügbar, umgebungsabhängig natürlich in unterschiedlichen Ausprägungen und Intensitätsgraden.

- *Raus ins Grüne.* Gehen Sie in Ihrem Alltag immer wieder in die unmittelbare Natur in Ihrer Nähe. In den Park, den botanischen Garten, den Wald, an ein Fluss- oder Seeufer, in Ermangelung anderer Attraktionen reicht auch eine »städtische Grünanlage«. Die Mittagspause bietet sich dafür ebenso an wie der Morgenlauf (wenn Sie zur laufenden Bevölkerung gehören) oder eine kurze Mini-Radtour. Hauptsache, Sie kommen ins Freie und ans Licht. Menschen, die in Pausenzeiten immer wieder kurz an die frische Luft gehen, sind am Ende ihres Arbeitstages bzw. nach Erledigung ihrer Aufgaben wesentlich zufriedener und ausgeglichener als diejenigen, die die ganze Zeit am Arbeitsplatz sitzen.

- *In freier Wildbahn.* Ziehen Sie ruhig mal in Betracht, im Urlaub ein paar Tage durch die Natur zu ziehen – es muss ja nicht gleich die »wilde« sein. Ja, Urlaub am Meer oder im Skihotel hat auch etwas mit Natur zu tun. Aber es macht einen Unterschied, ob Sie die Natur mehr oder minder als Kulisse nutzen oder sie tatsächlich unmittelbar erfahren. Wandern oder eine Radtour bieten sich da besonders an – ruhig auf ausgeschilderten Strecken, aber vielleicht nicht gerade zur Hauptreisezeit (denn dann stören möglicherweise die vielen Mitwandernden). So eine Wanderung muss und soll nicht anstrengend sein. Es geht nicht darum, Kilometer zu machen und möglichst rasch eine große Entfernung zu überwinden. Je schneller Sie gehen, desto mehr blenden Ihre Sinne die natürliche Umwelt aus. Dagegen intensiviert langsames Gehen die Natureindrücke. Außerdem kommen Sie durch langsames und ruhiges Wandern eher zur Ruhe und zur Besinnung.

Auch nicht unwichtig: Setzen Sie bei einer solchen Wanderung eher nicht auf zu viel Technik. Beim Mountainbiken

beispielsweise, so sehr es auch Ihren Adrenalinspiegel in die Höhe treiben mag, reduziert sich die Natur allzu leicht zur bloßen Kulisse. Lassen Sie Ihr Smartphone daheim oder zumindest ausgeschaltet, falls Sie es für Notfälle zur Hand haben wollen.

- Und schließlich: *Holen Sie sich ein wenig Natur in Ihre Räume.* Der Gummibaum am Arbeitsplatz mag ein – wenn auch häufig nur bescheidener – Anfang sein. Es gibt aber auch dazu ansprechendere Alternativen – natürlich auch für die anderen Wohn- und Lebensbereiche. Auch beim Licht kann man häufig für Verbesserungen sorgen: Klassische Kaltlicht-Neonröhren lassen sich durch Tageslichtvarianten ersetzen, die dem Sonnenlichtspektrum angenähert sind. Allerdings verlieren diese Röhren ihr ganzes Spektrum häufig schon nach einem Jahr – sie leuchten dann zwar noch hell, aber nicht mehr über das ganze (Tageslicht-)Spektrum. Daher sollten Sie sie häufiger wechseln.

Stabilisator 6: Lachen und Humor

Lachen ist die beste Medizin … ein Allgemeinplatz, der seit Jahrtausenden Gültigkeit hat. Freilich: Viele scheinen diese wichtige Weisheit heute vergessen zu haben. Lachen Kinder noch durchschnittlich 400-mal am Tag, so kommt ein Erwachsener nur noch auf ca. 15-mal täglich. Und bisweilen ergibt sich der Eindruck, dass auch diese 15-mal schon eine ungeheure Anstrengung darstellen.

Dabei ist uns das Lachen eigentlich angeboren. Ein Baby lacht mit vier Monaten, wenn ihm der Bauch gekitzelt wird, und schon mit einem Jahr findet ein Kind es komisch, wenn Papa oder Mama an seiner Flasche nuckeln. Es erkennt die Inkongruenz der Handlung im Verhältnis zur gewohnten Ordnung: die Grundlage von jedem Humor.

Lachen ist tatsächlich gesund

In den letzten rund 40 Jahren konnten die günstigen Auswirkungen des Lachens auf unsere Gesundheit und unsere Seelenverfassung durch medizinische und wissenschaftliche Forschungsarbeiten bestätigt werden. Der Neurologe William Fry von der Stanford University und der österreichische Humorforscher Willibald Ruch wurden zwar zunächst für ihre Studien über die Heiterkeit belächelt. Doch ihre und auch andere Experimente, unter anderem am medizinischen Zentrum der Loma Linda Universität in Kalifornien, belegen die positiven Wirkungen des Lachens auf unsere physische und psychische Verfassung mehrfach.

 **Wenn der Mensch lacht, haben Körper und Seele etwas davon.**

Positiv auf die *Psyche* wirkt sich zunächst einmal die *entspannende Wirkung des Lachens* aus. Als eine der angeborenen Urreaktionen des Menschen aktiviert es die ältesten Gehirnregionen, während die jüngeren, mentalen Zentren im Kopf ausgeblendet werden. Lachen schafft gewissermaßen eine meditative Pause für das Gehirn, in der die Probleme des Alltags ausgeblendet werden und sich unser Denkapparat erholen kann. Lachen macht also den Kopf frei. Auf der anderen Seite steigert es aber auch Kreativität und Effizienz, indem es die Nervenzellen im Gehirn aktiviert. Der Psychologe René Proyer von der Universität Halle-Wittenberg stellt zum Beispiel einem scherzenden Ärzteteam im Operationssaal ein durchweg positives Zeugnis aus: Solche Arbeitsgruppen kommen im Komplikationsfall eher zu ungewöhnlichen Lösungen als Ärzte, die kühl und sachlich miteinander umgehen. Zudem senkt die humorlastige Grundstimmung den Stresspegel aller Beteiligten. So kann der Patient scherzende Ärzte also durchweg positiv betrachten und braucht sich keine Sorgen zu machen, dass sie ihren Job möglicherweise nicht ernst genug nehmen.

Schließlich kommt es beim Lachen zu einer nicht unerheblichen Ausschüttung von Endorphinen, den Hormonen, die uns Glücksgefühle bereiten. Da wir willentlich auf unser Nervensystem keinen Einfluss haben, also nicht einfach beschließen können, glücklich zu sein, bleibt uns nur der indirekte Weg: Durch Lachen können wir über die entsprechenden hormonellen Reaktionen Glücksgefühle hervorrufen.

Auch in *körperlicher Hinsicht* ist Lachen durchweg gesund und stabilisierend. Eine Minute herzhaftes Lachen entspricht einer Körperleistung von zehn Minuten Laufen oder Rudern. Lachen vertieft die Atmung,

Herzhaftes Lachen ist gesund und stabilisiert.

steigert die Sauerstoffversorgung und fördert dadurch die Verbrennungsvorgänge im Körper. Die schädlichen Stresshormone Cortisol und Adrenalin werden reduziert und die Immunabwehrkräfte gestärkt. Auch auf den Genesungsprozess von Kranken hat Humor positive Auswirkungen: Immer häufiger wird die Lachtherapie nicht nur bei Depressionen, sondern auch zur Beschleunigung der Heilung von Allergien und zur Schmerzreduktion eingesetzt. So haben Versuche ergeben, dass die Schmerzempfindlichkeit von Menschen signifikant sank, wenn diese einen lustigen Film sahen. Daher gibt es mittlerweile in vielen amerikanischen Krankenhäusern »Humorberater« und therapeutische Lachprogramme und jährlich findet ein internationaler Kongress über »Humor in der Therapie« statt.

Zuletzt kann man Humor auch zur *Förderung der zwischenmenschlichen Balance* einsetzen. Am Anfang einer Begegnung dient Lachen meist dazu, sich der Übereinstimmung mit einem Menschen zu versichern. In kommunikativ schwierigen Situationen kann ein passender Witz oder Lachen helfen, ein Missgeschick oder ein Missverständnis zu entschärfen und sozialen Stress abzubauen. Menschen, die viel lachen und andere zum Lachen bringen, sind nicht umsonst so beliebt, sei dies nun in geselligen Runden oder im Geschäftsleben.

Mehr Humor im Alltag

Lachen braucht einen Auslöser – bewusst steuern können wir den Lachimpuls nicht. Manchmal bietet ja der Alltag schon genügend Situationskomik, über die es sich zu lachen lohnt. Generell gilt: Humor ist Geschmackssache. Worüber der eine laut schallend lacht, verzieht der andere nicht mal ansatzweise die Miene, der eine findet Louis de Funès saukomisch, der andere einfach nur albern. Aber es gibt ja Auswahl: humorvolle Filme, TV-Sendungen oder Kabarett, Kleinkunst, Operetten, Witzsammlungen … Es ist bestimmt etwas dabei, was auch Sie zum Lachen bringt. Hauptsache, Sie lachen!

Hier noch ein paar weitere Tipps, die Sie zum Lachen bringen können:

Umgeben Sie sich mit Bildern von lachenden Menschen

Ob Bekannte oder Gesichter, die Sie aus einer Zeitschrift ausschneiden: Stellen Sie sie auf Ihren Schreibtisch, scannen Sie sie ein, oder lassen Sie sich von ihnen anlachen, wenn Sie Ihren Computer einschalten. Selbst wenn Sie den Menschen nicht kennen: Das Lächeln erfasst Sie jedes Mal, wenn Sie hinschauen, Sie können sich diesem Anblick kaum entziehen. Bei Freunden von uns hängt in der Küche eine Pinnwand, an die alle Familienmitglieder immer wieder neue heitere Gesichter oder Cartoons hängen. Die Kinder haben daran besonders viel Spaß. Jeder bleibt dort ab und zu stehen, um zu schmunzeln. Das Gleiche lässt sich möglicherweise auch in der Cafeteria Ihrer Arbeitsstelle durchführen. Schon ein Smiley-Aufkleber in Ihrer Brieftasche oder in Ihrem Timer kann Sie bisweilen daran erinnern, das Lächeln nicht zu vergessen.

Lachen Sie gemeinsam mit anderen

Erfahrungsgemäß fällt uns das Lachen in Gesellschaft leichter als alleine im stillen Kämmerlein. Forschungen haben ergeben, dass wir mit anderen 30-mal häufiger lachen. Albern Sie mit Familienmitgliedern und Freunden. Lassen Sie sich auf Festen vom Lachen anderer anstecken, statt diese als kindisch oder albern abzutun. Lächeln Sie Menschen auf der Straße, im Fahrstuhl oder in der U-Bahn freundlich zu. Sie werden erstaunt sein, wie oft diese zurücklächeln. Vor allem ältere Menschen können dafür genauso dankbar sein wie für ein paar freundliche Worte. Und vergessen Sie nicht: Am liebsten lacht der Mensch über banale, alltägliche Geschehnisse, und wenn man ein bisschen aufmerksam durchs Leben geht, lässt sich viel Alltagshumor entwickeln. Vielleicht gelingt es auch Ihnen, den Ereignissen des Lebens immer mehr Heiterkeit zu entlocken und selbst immer mehr Humor und Fröhlichkeit zu verbreiten.

Wollen Sie dem gemeinsamen Lachen noch etwas mehr Format geben, könnten Sie einen *Lachclub* in Ihrer Nähe aufsuchen – ja, die gibt es, entsprechende Übersichten sind im Internet unter dem Suchwort »Lachclub« zu finden. Mit anderen zu lachen ist nun mal viel leichter als allein, da Lachen ansteckt und eine gemeinschaftliche Heiterkeit entstehen lässt. Zunächst mag es Sie vielleicht einige Überwindung kosten, in einen solchen Lachclub zu gehen, werden doch alle »vernünftigen« inneren Stimmen eine solche Unternehmung als lächerlich abtun. Doch wenn es Ihnen hilft, zu entspannen und innerlich aufzutanken, was kann dann lächerlich daran sein? Ob Sie damit tatsächlich einen neuen, unkonventionellen Weg finden, mehr Spaß und Heiterkeit in Ihr Leben zu bringen, können nur Sie selbst feststellen, indem Sie es ausprobieren. Was riskieren Sie schon? Etwas Zeit und Geld, und sicherlich machen Sie eine unvergessliche Erfahrung.

Lächeln Sie täglich mindestens einmal eine Minute

Immer wenn Sie lachen oder lächeln, wird durch die Aktivierung der Lachmuskeln dem Gehirn signalisiert, dass es Ihnen gut geht, und Ihr Gehirn produziert Glückshormone. Je mehr Endorphine Sie im Körper haben, desto besser fühlen Sie sich – und umgekehrt. Anders gesagt:

> ❗ Man lacht nicht nur, wenn man fröhlich ist,
> ● sondern man wird auch fröhlich, wenn man lacht.

Eine Minute Lächeln genügt, um Ihre Gemütslage entschieden zu verbessern. Selbst oder gerade wenn Sie ärgerlich sind, sollten Sie sich zwingen, eine Minute zu lächeln. Das mag dann nur zu einer unnatürlichen Grimasse führen, doch das wiederholte Signal an das Gehirn wirkt. Wenn Sie gerade nicht allein sind und befürchten, man werde an Ihrem Geisteszustand zweifeln, wenn man Sie grimassenhaft lächeln sieht, so ziehen Sie sich am besten kurz zurück, notfalls auf ein »gewisses Örtchen«; die Möglichkeit dazu besteht fast immer. Nach einer Minute wird es Ihnen wesentlich besser gehen, obwohl sich an den äußeren Bedingungen überhaupt nichts verändert hat. Nun können Sie Ihr Problem ausgeglichener angehen. Machen Sie es sich ruhig zur Grundregel: Wenn möglich erst lächeln, dann reagieren!

Entwickeln Sie auch in eigener Sache Humorkompetenz

Je eher Sie über sich selbst oder eine widrige Situation lachen können, umso gelöster wird Ihr Leben und umso weniger werden Sie auch von unerwarteten Missgeschicken aus der Bahn geworfen. In vielen Fällen mag das nicht leichtfallen, besonders, wenn etwas richtig schiefgelaufen ist. Zunächst einmal überwiegt dann der Ärger. Natürlich können Sie sich ärgern – aber Sie können auch eine andere Möglichkeit trainieren:

! Nehmen Sie etwas Abstand, gehen Sie ein paar Schritte weg,
● schauen Sie sich selbst in Gedanken von außen zu und versuchen
Sie, über sich und Ihre »Tragödie« zu lächeln.

Versuchen Sie es, auch wenn Ihnen am Anfang gar nicht zum Lachen zumute ist. Vielleicht entdecken Sie tatsächlich eine witzige
Perspektive. Oder Sie sagen sich innerlich: »Wenn ich mich jetzt
richtig aufrege und schimpfe, wird alles gleich viel besser!« Die
Absurdität dieses Gedankens hat schon manchen zum Schmunzeln
gebracht – sogar angesichts einer über den Akten ausgeschütteten
Kaffeetasse.

Stabilisator 7: Perspektivenwechsel und Dankbarkeit

Innere Stabilität kommt selten aus dem, was wir an neuen Berei-
cherungen in unser Leben einbauen, sondern aus dem wiederhol-
ten *Bewusstwerden dessen, was wir schon alles haben.* Wir alle leben in
unserem Kulturkreis in einer Art Schlaraffenland – egal, wie viel
wir besitzen und verdienen. Solange wir Arbeit haben und gesund
sind, geht es uns eigentlich viel besser, als wir uns meistens fühlen.
Bei vielen von uns ist das aber leider nicht das dominierende Gefühl, mit dem wir morgens aufwachen – im Gegenteil.

Alles eine Frage der Perspektive

Die ersten Gedanken richten sich oft automatisch auf irgendein ungelöstes Problem vom Vortag. Es ist wie eine Art Autopilot – wir
suchen unser Leben nach den Punkten ab, die nicht funktionieren, die nicht unseren Vorstellungen entsprechen, die – wie wir
meinen – falsch und fehlerhaft sind. So ganz unsinnig ist dieses
Vorgehen natürlich nicht: Es garantiert unser Überleben. Auf jedes
Gefahrensignal reagieren wir schneller und stärker als auf erfreu-
liche Dinge – nur so können wir uns im Ernstfall sofort in Sicher-

Wir dürfen die positiven Aspekte unseres Lebens nicht außer Acht lassen.

heit bringen. Hätte sich unser entfernter Vorfahre, der Neandertaler, in der Wildnis in erster Linie an der schönen Landschaft, den Blumen und dem Vogelgezwitscher erfreut, wäre er möglicherweise von dem Bären gefressen worden, der hinter einem Baum seiner Aufmerksamkeit entgangen war. Das Problem ist nur, dass wir nicht mehr im Neandertal leben und das, was einmal ein Überlebensmechanismus war (und heute – zum Beispiel im Straßenverkehr – immer noch ist), leider keinen positiven Einfluss auf unser Gefühl der Zufriedenheit und Lebensfreude hat. Denn während sich die Gedanken auf das eine Problem richten, vergisst man völlig, dass es noch viele andere Dinge gibt, die positiv zu bewerten sind: Man ist gesund, hat eine gesunde Familie, einen Beruf, der Freude macht, Freunde, genug zu essen, lebt in einem Haus, in das es nicht hineinregnet und in dem es warm ist, lebt in einem Wohlstandsland ohne Krieg oder Diktatur und so weiter. Dies muss man sich tatsächlich immer wieder aktiv bewusst machen, sonst richtet sich der Fokus der Aufmerksamkeit fast nur noch auf die Dinge, die nicht funktionieren.

Zwei weitere unbewusst ablaufende Mechanismen verstärken diesen Effekt:

- *Die Gewöhnungsfalle:* Ist Ihnen schon mal aufgefallen, dass im Urlaub der erste Sonnenuntergang am ersten Abend immer den größten Eindruck hinterlässt? Am zweiten Tag erfreut man sich noch daran, aber nach spätestens einer Woche lässt man ihn halt einfach stattfinden, ohne groß darauf zu achten. Wir gewöhnen uns an Dinge, im positiven wie negativen Sinn. Es ist ein natürlicher Mechanismus, wiederholt vorkommende Reize mit der Zeit auszublenden und unsere Aufmerksamkeit auf neue Ziele zu richten. Bei negativen Reizen mag das sogar hilfreich sein. Nur bei den positiven Dingen im Leben ist es verhängnisvoll. Denn die große Gefahr ist, all die Reichtümer im Leben mit der Zeit für selbstverständlich zu nehmen, abzustumpfen, übersättigt zu werden. Und das wirkt sich selten positiv auf die innere Stabilität aus.

- *Der Vergleichsmechanismus:* Neben der kontinuierlichen Gewöhnung leben wir auch in einem ständigen *Vergleichsmodus.* Auch dieser Mechanismus ist nicht per se schlecht. Würden wir uns mit Menschen vergleichen, denen es schlechter geht als uns, könnte dies unsere Widerstandskraft sogar steigern. Psychologische Experimente haben zum Beispiel ergeben, dass schon die bloße Anwesenheit eines Rollstuhlfahrers bei den meisten Menschen die Stimmung hebt und sie auf Fragebögen über die Zufriedenheit mit dem eigenen Leben höhere Werte ankreuzen ließ. Leider haben wir eher die Tendenz, uns mit Menschen zu vergleichen, denen es – scheinbar oder real – besser geht als uns selbst. Und wenn gerade mal keine lebenden Vergleichsobjekte zur Hand sind, so können wir uns doch zumindest an den durch Medien und Werbung suggerierten Idealbildern messen – und schneiden dabei meist sehr schlecht ab. Nur zu leicht entstehen dabei Gefühle von Frustration, Neid und Unzufriedenheit.

Dank ändert die Blickrichtung

Ein gutes Mittel, um diesen für unser Gleichgewicht verhängnisvollen Mechanismen zu entkommen, ist das Danken. Danken verändert und verbessert die Perspektive. Machen Sie sich immer wieder die Dinge bewusst, die in Ihrem Leben in Ordnung sind, für die Sie dankbar sein können. Danken ist in vielen Situationen eine hochwirksame Selbstbeeinflussungs-Strategie.

> **!** Vorbeugend kann bewusste Dankbarkeit verhindern, dass Sie überhaupt erst in den destabilisierenden Zustand von Unzufriedenheit und Selbstmitleid hineingeraten.

Schalten Sie Ihren inneren Fokus von »Was läuft falsch, was fehlt?« um auf »Was läuft richtig, was ist gut?«, können Sie die Balance

zwischen Anspruchs- und Wunschdenken einerseits und Zufriedenheit und Dankbarkeit andererseits wiederherstellen. So wirkt
Dankbarkeit als eine der wichtigsten Ressourcen für unsere innere
Stabilität. Danken hat damit unmittelbare Auswirkungen auf unsere psychische Verfassung:

- *Danken erweitert unser Blickfeld.* Wenn ich mir bewusst mache,
  dass es neben den negativen auch zahlreiche positive Aspekte
  und Dinge in meinem Leben gibt, dann sehe ich die Welt gewissermaßen durch ein Weitwinkelobjektiv, mit dem ich tatsächlich die ganze Bandbreite meines Lebens wahrnehmen kann.
  Sicher: Die bestehenden Probleme sind damit nicht aus dem
  Blickfeld verschwunden; aber sie werden in ihrer Bedeutung
  in Bezug gesetzt zu den vielen anderen Dingen, die in meinem
  Leben stimmen. Auf diese Weise verhindert Danken auch, dass
  ich nur noch um mich selbst und meine Probleme kreise.

- *Danken erzeugt positive Bilder.* Der Gedanke an etwas, wofür ich
  dankbar sein kann – ein geliebter Mensch, ein schönes Ereignis, ein erreichter Erfolg –, lässt automatisch ein Bild davon
  vor dem inneren Auge entstehen. Dieses positive Bild bewirkt
  ebenso automatisch ein gutes Gefühl in mir, verbunden mit
  einer entsprechend großen oder kleinen Endorphinausschüttung im Gehirn, je nachdem, wie stark die Freude ist, die in
  mir dabei aufkommt.

- Die unmittelbare positive Auswirkung des Dankens auf unser
  Wohlbefinden wurde auch durch diverse Forschungen belegt.
  So ergab sich, dass dankbare Menschen weniger anfällig sind
  für Depressionen und mit Stresssituationen besser umgehen
  können. Sie konnten negative Ereignisse und Schicksalsschläge
  besser verarbeiten, engagierten sich häufiger ehrenamtlich und
  in sozialen Projekten und setzten ihre Lebensziele stringenter
  um.

Täglich danken

Es ist gar nicht so schwierig, sich die positiven Wirkungen des Dankens zunutze zu machen. Kleine tägliche Rituale können da schon eine Menge bewirken:

- *Die Dankesliste:* Nehmen Sie sich ein Blatt Papier, Ihr Tagebuch oder auch Ihr Notebook und eine halbe Stunde Zeit und notieren Sie alles, wofür Sie in Ihrem Leben dankbar sein können! Alles, was in Ordnung ist, was positiv ist, worüber Sie sich freuen können.

> **Überlegen Sie, wem Sie wann und wie Dank sagen können.**

Gehen Sie die verschiedenen Bereiche in Ihrem Leben durch: Ihre Gesundheit, Ihren Beruf, Erfolge, Eigenschaften und Fähigkeiten, die Sie haben, Wohlstand, Familie und Freunde, Ihre Vergangenheit, Gefahren, vor denen Sie bewahrt wurden, materielle und immaterielle Dinge, das Land, in dem Sie leben, bevorstehende Ereignisse … und vieles mehr. Vielleicht werden Sie erstaunt sein, was Ihnen dazu noch alles einfällt. Und achten Sie bitte auch darauf, welches Gefühl Sie beim Aufschreiben haben.

- *An zehn Fingern:* Eine weitere Möglichkeit ist, dass Sie sich jeden Morgen an Ihren Fingern zehn Dinge aufzählen, für die Sie an diesem Tagesbeginn dankbar sein können. Das mögen grundsätzliche Dinge sein, die nahezu täglich bei Ihrer Aufzählung wiederkehren – wie die Familie, die erfüllende Arbeit oder Ihre Gesundheit – , oder besondere Ereignisse wie etwa das schöne Wetter oder der gute Schlaf der vergangenen Nacht. Wann Sie ein solches Zehn-Finger-Ritual praktizieren, bleibt Ihnen überlassen: gleich nach dem Aufwachen oder beim Morgenlauf, unter der Dusche oder vielleicht auch erst auf dem Weg zur Arbeit. Am besten, Sie führen das Ritual immer zum gleichen Zeitpunkt aus. Natürlich können Sie dieses Zehn-Finger-Ritual auch am Abend praktizieren – als Tagesinventur sozusagen.

- *Beziehungspflege*: Beziehungen, zumal langjährige, sind ein ziemlich guter Nährboden für »perspektivische Verschiebungen«. Nicht selten sieht man nach einer gewissen Zeit in erster Linie die Aspekte, die stören – und nicht mehr die, die doch einmal dazu geführt hatten, sich auf diese Beziehung überhaupt einzulassen. Da kann es helfen, sich wieder bewusst zu machen, welche Eigenschaften des anderen man besonders schätzt. Sie können das für sich alleine tun, indem Sie es sich aufschreiben, noch besser aber, Sie und Ihr Partner sagen es sich gegenseitig – unter dem Motto: »Was ich an dir besonders schätze, ist …« Dieses Ritual ist natürlich auch auf Eltern-Kind-Beziehungen anwendbar. Es kann auf den Lebensbereich »Familie« enorm stabilisierend wirken.

- *Anderen Dank sagen:* Nehmen Sie sich immer wieder Zeit, sich bei anderen zu bedanken, auch für Kleinigkeiten oder vermeintlich selbstverständliche Dinge. Selbst wenn der Anlass länger her ist: Für einen Dank ist es nie zu spät! Oft genügt eine Kleinigkeit: eine Flasche Wein, eine Blume, eine Karte oder auch nur ein herzliches »Danke schön, das war sehr nett von Ihnen …«. Entscheidend ist die Geste! Und nehmen Sie dabei die Familie nicht aus. Denn bei nahestehenden Menschen ist die Gefahr besonders groß, dass wir vermuten oder zu wissen glauben, der andere wisse schon, wir seien dankbar. Selbst wenn das so ist: Der ausgesprochene Dank hat wesentlich mehr Gewicht.

Stabilisator 8: Entschleunigung

Eine der modernen Hauptwährungen ist die Geschwindigkeit. Die Welt um uns herum ist rasend schnell geworden, Wissen und Informationen verbreiten sich in Windeseile, Kommunikation geschieht kontinenteübergreifend in Echtzeit. Und die neue »Industrie 4.0« wird möglicherweise dazu führen, dass selbstorganisierende Maschinen und Computer in Bruchteilen von Sekunden das organisieren, wozu der Mensch früher Tage, Wochen und Monate gebraucht hat. Schöne neue Welt? Ja, einerseits. – Andererseits stellt sich schon die Frage, ob der Mensch mit diesem Tempo eigentlich mithalten kann und will. Unser Gehirn, der interne Rechner, beherrscht auch hohes Tempo. Mental sind wir unglaublich schnell. Das Gehirn, der schnellste Computer der Welt, registriert und verarbeitet Gedanken in Bruchstücken einer Sekunde. Wenn Sie dies testen wollen, halten Sie bitte einen Moment inne und denken jetzt einmal an einen weißen Eisbären, dann an ein rotes Flugzeug und schließlich an die deutsche Fahne. Was stellen Sie fest? Kaum dass Sie die Worte gelesen haben, erzeugt Ihr Gehirn vor Ihrem inneren Auge das dazugehörige Bild – in einer kaum wahrnehmbaren Geschwindigkeit.

Die Frage ist nur, ob wir dieses mentale Tempo auch auf der emotionalen Ebene halten können. Denn auf der Gefühlsebene sind wir Menschen nicht ganz so schnell. Versuchen Sie einmal, Trauer, Wut und jetzt wahnsinnige Verliebtheit auf Befehl zu *empfinden*. Das wird nicht so schnell und so einfach funktionieren. Sicher: Eine gedankliche *Vorstellung* von diesen Gefühlen haben wir schnell parat. Aber das passende Gefühl dazu zu empfinden benötigt Zeit. Zudem müssen die Umstände passen.

> **!** Je besser Sie in der Lage sind, Ihre Lebensgeschwindigkeit immer
> **●** wieder mit Ihrer emotionalen Geschwindigkeit in Gleichklang
> zu bringen, desto weniger wird Ihr Leben von destabilisierendem
> Tempo geprägt sein.

Stabilität in unserem Leben entsteht nicht durch die hohe Geschwindigkeit der Welt um uns, sondern durch Tempoverringerung und Entschleunigung.

Sanft abbremsen

Viele Menschen werden heute von einem Gefühl kontinuierlicher Überforderung geplagt. Neben ihrer Arbeit haben sie noch eine Vielzahl anderer Verpflichtungen, sie sind ständig für andere erreichbar, für die Familie, den Verein, das Ehrenamt … nur für sich selbst bleibt kaum Zeit übrig. Wenn das auch bei Ihnen so oder so ähnlich ist, dann wird es höchste Zeit, zu lernen, für sich selbst zu sorgen. Ja, Sie haben richtig gelesen: für SICH zu sorgen. Denn das kommt an erster Stelle! Ja, auch hier haben Sie richtig gelesen: an ERSTER Stelle!

SIE kommen an erster Stelle: Sorgen Sie für sich selbst.

Erst wenn Sie wirklich gut für sich selbst sorgen, können Sie auch gut für andere sorgen. Kaum ein Autor bringt das besser auf den Punkt als Spencer Johnson in seinem kleinen Büchlein »Eine Minute für mich«. Wer glaubt, zuerst für andere sorgen zu müssen, schreibt Johnson, sei wie jemand, der den Karren vor das Pferd spannt. Sie aber sind das Pferd, die anderen und die Arbeit sind der Karren. Also geht es darum, zuerst für sich selbst zu sorgen, und zwar ohne schlechtes Gewissen! Das ist nicht ganz leicht, denn den meisten von uns wurde beigebracht, eigene Interessen für andere zurückzustellen. Viele von uns haben mindestens zwei Grundsätze gelernt: Erstens die irrtümliche Annahme, wir müssten immer zuerst an andere denken und ihnen den Vortritt lassen. Zweitens: Wir hätten es nicht verdient, uns selbst etwas Gutes zu tun. Das Gegenteil ist richtig! Schon dieser Perspektivenwechsel kann Ihnen helfen, sich vielleicht immer häufiger zu erlauben, zuerst für sich selbst zu sorgen. Und dazu müssen Sie auch keinesfalls Ihr Leben umkrempeln. Es geht darum, kleine Entschleunigungseinheiten über den Tag zu verteilen. Schon eine Minute, immer wieder mal am Tag, kann ausreichen. Immer wieder mal zwischendurch innehalten, egal, was man gerade tut, sich eine Minute Zeit für sich selbst nehmen.

Die Kraft liegt nicht in der Menge

Für die Wirksamkeit entschleunigender Maßnahmen ist eines ganz wichtig: Es kommt nicht so sehr auf die Häufigkeit der Erlebnisse an, sondern auf ihre *Qualität*, also das Eintauchen in ein Geschehen, sei es auch noch so kurz. Wir neigen ja gerne zum Perfektionismus und wollen alles besonders gut machen – bei der Entschleunigung bedeutet das: lieber weniger, dafür intensiver. Entschleunigung kostet also nicht notwendigerweise Zeit, im Gegenteil:

Je intensiver Sie den Moment erleben, desto kürzer kann er sein und desto mehr Gewinn für Ihre innere Stabilität werden Sie daraus schöpfen.

Es kann dann gut sein, dass Sie sehr bald die Erfahrung machen,

- dass *eine halbe Stunde* konzentrierter Tätigkeit mehr befriedigt als mehrere Stunden zerstreuter Geschäftigkeit.

- dass es erfüllender sein kann, mit *einem* Menschen in einem Gespräch in einen tiefen inneren Kontakt zu treten, als auf einer Party mit vielen Gästen Small Talk zu machen.

- dass es intensiver ist, in einem Museum zehn Minuten vor *einem* Bild zu verweilen, um es ganz auf sich wirken zu lassen, als im Schnelldurchgang die ganze Ausstellung abzulaufen.

- dass es ein eindrücklicheres Erlebnis ist, *ein Mal* in ein wirklich gutes, möglicherweise auch etwas teureres Restaurant zu gehen und das Mahl dort wirklich *bewusst zu zelebrieren*, als fünfmal auswärts essen zu gehen, ohne dies wirklich wahrzunehmen.

- dass *ein* Buch, in dem man voll und ganz aufgeht, ja, sich darin verliert, stärker in Erinnerung bleibt als drei Bücher, die man im Highspeed-Verfahren konsumiert hat.

Auch hier kommt wieder der schon erwähnte Gewöhnungseffekt zum Tragen: Intensität kann durch die Häufigkeit eines Erlebnisses verwässert und geschmälert werden: Wir gewöhnen uns schlicht daran – siehe den ermüdenden Sonnenuntergang nach 14 Tagen Traumurlaub im Paradies.

> **!** Relevant ist allein die *Tiefe des Erlebens*, das Verweilen in der
> **●** Gegenwart, also die *Qualität* und *Intensität* des Erlebens, nicht aber
> die Häufigkeit dieser Ereignisse. Quantitative Häufung zerstört
> meist sukzessiv die Intensität einmaliger Ereignisse und somit ihre
> Erlebnisqualität.

Stabilisator 9: Konzentration und Achtsamkeit

Mit aller Aufmerksamkeit bei einer Sache sein, ganz und gar in einer Aufgabe aufgehen und darin versinken … das scheint heute immer seltener zu funktionieren. Wir versinken wohl, nur leider selten in *einer* Aufgabe. Viel häufiger sehen wir uns unzähligen Herausforderungen, Ablenkungen und Reizen ausgesetzt, die alle eine sofortige Reaktion erwarten. Und was tun wir? Wir reagieren … leider mit negativen Folgen für unsere innere Balance.

Konzentration erzeugt Stabilität

Neuropsychologische Forschungen haben ergeben, dass unser Gehirn verhindert, dass störende Reize unser Bewusstsein erreichen, wenn wir konzentriert mit einer Sache beschäftigt sind. Besonders vor belastenden Sorgen und Grübeleien bewahrt uns die Konzentration. Unser Gehirn ist dann einfach zu sehr mit *einer* Sache beschäftigt. Bestes Beispiel: Ein Kind, das völlig im Spiel versunken ist, blendet alles aus – auch die vielfachen Rufe der Mutter, endlich zum Essen zu kommen (gut: manchmal wollen Kinder auch einfach nicht hören ...).

Man muss freilich keine großen wissenschaftlichen Untersuchungen anstellen, um festzustellen, dass konzentriertes Arbeiten, und überhaupt jede konzentrierte Tätigkeit, immer schwerer fällt. Darüber klagen Lehrer in den Schulen und das eigene Berufsleben ist ja möglicherweise auch oft geprägt von der Feststellung: »Ich komme heute zu nichts, dauert klingelt das Telefon oder es kommt jemand mit einem Problem angerannt.« Woran liegt es, dass uns Konzentration so schwerfällt?

Da ist zum einen die *Arbeitsweise unseres Gehirns*. Es ist zur Konzentration fähig, zweifelsohne. Nur entspricht diese Arbeitsweise nicht seinem Grundzustand. In Ruhephasen ist das Gehirn gewissermaßen auf Weitwinkel gestellt. Es scannt die Umwelt, immer auf der Suche nach Interessantem oder Gefährlichem. Taucht ein vielversprechender Reiz auf, richtet sich unsere Aufmerksamkeit darauf ... um gleich darauf wieder zum nächsten Reiz zu springen. Diese »Fehlerscan-Software« ist auch heute noch nützlich und notwendig (etwa im Straßenverkehr), nur eben manchmal auch hinderlich.

Und dann gibt es noch einen zweiten Aspekt. Das *Informationszeitalter*, in dem wir leben, ist geprägt von ständiger Reizüberflutung. Von überall her und nahezu an jedem Ort (Smartphone! Blackberry! iPad!) erreichen uns in kurzer Taktung Informationen von unterschiedlicher Relevanz, aber alle im Gewand höchster Dringlichkeit. Was bekannte PC-Programme vormachen – nämlich möglichst viele Fenster parallel offen halten und dabei nach Möglichkeit nicht abstürzen –, machen wir in Form von Multitasking nach: möglichst viel auf einmal erledigen. Dabei, das zeigen zahlreiche Untersuchungen, ist der Mensch dafür nicht geschaffen. In einem Experiment steuerten Versuchspersonen in einem Simulator ein

Fahrzeug und führten gleichzeitig ein Telefonat. Sie verursachten auf einer kurzen Strecke häufiger Unfälle als eine Vergleichsgruppe, die nur das KFZ steuerte – dabei aber 0,8 Promille Alkohol im Blut hatte und damit nach herkömmlicher Auffassung eigentlich fahruntüchtig war. Die Schlussfolgerung aus diesem und ähnlichen Versuchen: Das Gehirn verarbeitet Reize seriell, nicht parallel, und ist bei Multitasking also schnell überfordert. So tun wir vieles auf einmal, aber nichts mit unserer ganzen Aufmerksamkeit. Wir sind – ganz egal, ob im Beruf oder bei einer anderen Tätigkeit zu Hause oder bei einem Hobby – beschäftigt, aber nicht konzentriert. Und dieser Zustand bringt uns sehr leicht aus dem Gleichgewicht.

Wie funktioniert Konzentration?

Muss das auf Dauer so bleiben? Nicht unbedingt. Denn der Zustand der Konzentration lässt sich aktiv herstellen. Die gute Nachricht ist also: Konzentration ist machbar! Und es ist gar nicht so schwer, in den Zustand der Konzentration zu kommen – letztlich sind es nur zwei wichtige Voraussetzungen:

Schritt 1: Schaffen Sie einen Magneten

Eine Vielzahl von Dingen kämpft permanent um unsere Aufmerksamkeit. Sie schwirren um uns herum und versuchen, sich in Position zu bringen, um dem herumwandernden Geist ein Ziel zu geben. Dem muss aktiv etwas entgegengestellt werden – ein Ziel, das wie ein Magnet unsere Gedanken anzieht und sie gleichzeitig davon abhält, auf der Suche nach anderen Reizen zerstreut umherzuwandern. Dabei gilt:

Je klarer definiert, je genauer das Bild von Ihrem Ziel ist, desto größer ist dessen Magnetkraft.

Nehmen Sie sich zum Beispiel ganz konkret vor: »Montag, 9.00 bis 10.30 Uhr: zehn Kunden anrufen.« Notieren Sie sich diese zehn Kunden auf einer Liste. Die Wahrscheinlichkeit, dass Sie gegen 10.30 Uhr dann tatsächlich mit acht Kunden telefoniert haben, ist hoch – wesentlich höher jedenfalls, als wenn in Ihrem Kalender nur ganz pauschal »Montag – Kundenpflege« stünde. Der Grund: Bilder haben auf unser Gehirn eine mindestens zehnfach stärkere Wirkung als Worte oder Begriffe. Sehr vereinfacht dargestellt, erzeugen Bilder im Gehirn Eiweißmoleküle, und das könnte man als eine Art Turbostoff für die Gehirnwellen bezeichnen. Ein klares Bild von dem, was Sie erreichen wollen, ist wie ein Magnet für die geistigen Kräfte, und diese Magnetkraft ist es, die es Ihnen ermöglicht, über einen längeren Zeitraum hinweg bei einer Sache zu bleiben.

Schritt 2: Störungen abblocken

Die zweite Voraussetzung für Konzentration ist heutzutage die wichtigste: Es geht darum, sämtliche Störungen und ablenkenden Reize auszuschließen, und zwar die äußeren (Kommunikationsmittel und Kollegen, um nur die wichtigsten zu nennen) genauso wie die inneren (Sorgen, Ängste, Tagträume). Der volkswirtschaftliche Schaden durch Unterbrechungen am Arbeitsplatz beträgt allein in Deutschland jährlich rund 100 Milliarden Euro. Vergleicht man den Einfluss von Unterbrechungen auf das Arbeitsergebnis mit der Wirkung von Drogen, würde man wohl kaum darauf kommen, dass Unterbrechungen für die Arbeit schädlicher sind als Marihuana. Genau zu diesem Ergebnis führte aber ein Experiment am Londoner King's College: Eine Gruppe, der man Marihuana verabreichte, schnitt bei mittelschweren Aufgaben besser ab als die nüchterne Gruppe, die aber dauernd unterbrochen wurde. Ohne diese Unterbrechungen waren sie der »Drogengruppe« klar überlegen.

Konzentration erfordert also *störungs- und unterbrechungsfreies Arbeiten*. Das funktioniert nicht immer gleich gut, aber in beinahe allen

Lebenssituationen gibt es die Möglichkeit, für ein oder zwei Stunden unerreichbar zu sein. Und dann gilt:

- Handy aus!
- Keine E-Mails und Social Media!
- Keine Störungen durch Kollegen, Freunde, Familie!

Probieren Sie es einfach mal aus – Sie werden überrascht sein, wie viel Sie in einer Stunde konzentrierter Arbeit erledigen können und wie zufrieden und zentriert Sie sich danach fühlen.

Übrigens: Wenn Sie weitere Tipps zum Thema Konzentration suchen: In meinem Buch »Konzentration. Wie wir lernen, wieder ganz bei der Sache zu sein« finden Sie alle wesentlichen Aspekte dazu.

Die stabilisierende Wirkung des Lesens

Eines der besten Mittel, um rasch in den Zustand des konzentrierten Tuns zu kommen, ist ein Buch. Wenn wir uns in die Lektüre eines Buches vertiefen, unsere Augen Zeile um Zeile weiterwandern lassen, so kann es leicht passieren, dass wir dabei den Alltag vergessen und innerlich ruhig werden.

! Diese *fokussierte Aufmerksamkeit* auf einen geschriebenen Text, bei der wir gleichzeitig (unsichtbar) nach außen abgeschirmt sind, erlaubt es uns, bei uns (und unserem Buch) zu sein.

Wie intensiv die ausgleichende und stabilisierende Wirkung ist, hängt natürlich auch vom Inhalt Ihrer Lektüre ab: philosophische, religiöse oder literarisch anspruchsvolle Texte sind für Ihre innere Ökologie möglicherweise bekömmlicher als Krimis, Actionthriller oder Comics. Letztere lenken uns eher ab, als dass sie uns zu uns führen. Doch auch hier geht es um Sie: Experimentieren Sie und finden Sie heraus, welche Art von Lektüre Sie innerlich bereichert, und versuchen Sie, täglich etwas Zeit damit zu verbringen – und seien es nur fünf Minuten am Morgen mit ein paar aufbauenden Gedanken.

Die folgenden erprobten Tipps können Ihnen dabei helfen, diesen Stabilisator auch für sich nutzbar zu machen:

- *Schaffen Sie kleine Leseinseln im Alltag.* »Keine Zeit zum Lesen« – eine beliebtes Argument, das meist dazu führt, dass das Buch dem Fernseher unterliegt. Falls Sie aufgrund eines gefüllten Alltags ähnliche naheliegende Bedenken haben, dann könnten Sie einmal ausprobieren, wie viel Ihnen schon *kleine Leseinseln von 15 Minuten täglich* geben – vielleicht in der Mittagspause oder zwischen Ihrem Berufstag und dem gewohnten Abendprogramm. In einer Viertelstunde ruhigen Sichvertiefens in ein Buch kann man schon zur Ruhe und zu sich finden. Und wenn Sie in dieser Zeit auch nur sieben Seiten lesen, dann könnten Sie jeden Monat einen Roman von etwa 200 Seiten genießen! Vielleicht sind auch etwas kleinere literarische Formen wie Kurzgeschichten oder Erzählungen etwas für Sie – da verliert man dann auch nicht so leicht den Überblick wie in einem 1000-Seiten-Wälzer.

- Nutzen Sie wenn möglich Fahrt- und Wartezeiten zum Lesen: in der S-Bahn, im Zug, am Flughafen, im Flieger. Nehmen Sie Ihr Buch immer mit (wenn Sie es nicht sowieso auf Smartphone oder E-Reader gespeichert haben), oft ergibt sich plötzlich für fünf Minuten eine Gelegenheit, kurz in Ihre Lektüre einzutauchen.

- Wenn Sie abends gerne und viel fernsehen, könnten Sie mit einem TV-freien Leseabend pro Woche experimentieren. Oder Sie »berauben« die tägliche Fernsehzeit jeweils um eine halbe Stunde zugunsten der Literatur. Auch auf diesem Weg können Sie monatlich ein bis zwei Bücher lesen und dabei mehr auftanken, als es beim Fernsehen je möglich ist.

- Vielleicht entdecken Sie auch die Vorzüge von Hörbüchern, besonders, wenn Sie viel mit dem Wagen unterwegs sind. Zwar fehlen dabei einige Faktoren des aktiven Leseprozesses, dennoch können Sie sich auch hier in einer Geschichte verlieren und sich so die Auswirkungen konzentrierten Tuns zunutze machen.

Stabilisator 10: Aufräumen und Ordnung schaffen

»Aufräumen und Ordnung schaffen« ist eine der wirksamsten Möglichkeiten, zu sich zu finden, und für viele Menschen eine äußerst befriedigende Tätigkeit. Und das nicht nur, weil es hinterher ordentlich ist, sondern weil der Prozess des Ordnens im Außen sich gleichzeitig auf die innere Stabilität auswirkt – egal, ob Sie die Wohnung putzen, Ihren Keller entrümpeln, Ihren Schreibtisch aufräumen oder aber die »Innenräume« reinigen, indem Sie beispielsweise einen Konflikt aus der Welt schaffen. Hinterher machen Sie selbst, wie der Volksmund sagt, »einen aufgeräumten Eindruck«.

Wie außen, so innen

Die Wirkung ordnender Tätigkeiten ist schon einige Tausend Jahre bekannt. Rückschlüsse auf den genaueren Mechanismus dahinter allerdings ließen erst neuere psychologische und neurowissenschaftliche Untersuchungen zu. Die Ausgangsfrage war: Warum haben einfache ordnende Tätigkeiten Auswirkungen auf unsere Psyche? Warum wirken sie gegen Trübsal und Depressionen? Die Erklärung setzt bei der Arbeitsweise unseres Gehirns an. Die linke Stirnhirnhälfte ist zuständig für das Erreichen von Zielen und die Kontrolle negativer Gefühle. Bei Trübsal oder depressiver Stimmung ist sie kaum aktiv. Das ändert sich aber in dem Augenblick, in dem wir uns etwas vornehmen und unsere Aufmerksamkeit auf ein Ziel richten. Dann bringen wir diesen Teil unseres Gehirns wieder in Gang. Gleichzeitig kommt es zu einer Ausschüttung des Neurotransmitters Dopamin, den man gewissermaßen als eine Art »Schmiermittel für den Geist« ansehen kann. Dopamin lässt uns schneller reagieren und denken. Daneben bleibt für negative Gedanken und Gefühle weniger Spielraum.

Wichtig ist aber noch ein zweiter Aspekt: das schnelle Erfolgserlebnis. Sie erinnern sich gewiss an die Opioiden, ebenfalls aus den Flow-Ausführungen: Ist ein Ziel erreicht, geben Neuronen im Stirnhirn ein Signal, und es kommt zur Ausschüttung von Opioiden (vor allem den sogenannten Endorphinen), die in uns positive Erfolgsgefühle auslösen. Und gerade einfachere Aufgaben, wie Hausarbeiten, Aufräumen oder das Ordnen von Dingen, vermeiden Überforderung und erleichtern so die Zielerreichung – und damit die Endorphinausschüttung. So hat also eine im Grunde ziemlich banale Tätigkeit wie das Aufräumen sehr differenzierte Auswirkungen auf unser Gehirn und unser Befinden.

Wie innen, so außen

Die Ursache der Unordnung kann natürlich auch in uns selbst liegen. Gerümpel muss ja nicht immer nur in den Ecken liegen – manchmal sind auch unsere inneren Räume ganz schön zugestellt. Un-

Bauen Sie auch Ihren inneren Ballast ab.

gelöste Streitigkeiten oder Dinge, die andere uns angetan und die wir ihnen nicht verziehen haben, können genauso balancestörend sein wie ein von Akten überquellender Schreibtisch – manchmal haben solche inneren Altlasten noch viel mehr Belastungspotenzial als das Gerümpel im Außen. Auch dieser innere Ballast sollte also möglichst abgebaut werden. Da uns die Entrümpelung dieser Bereiche erfahrungsgemäß besonders schwerfallen kann, gleichzeitig das destabilisierende Potenzial solcher Schuttberge aber besonders groß ist, finden Sie hier nun ein paar wirkungsvolle Aufräumtipps:

Verzeihen

Nach einer Kränkung scheint es oft das Einfachste zu sein, die Beziehung abzubrechen. Damit ist die Sache aber nur äußerlich geklärt – die Kränkung bleibt. Oder Sie brechen die Beziehung nicht ab, sondern führen Sie im Groll und mit einer Vielzahl schlechter Gefühle weiter. In beiden Fällen gilt: Sie können mit der Sache nicht endgültig abschließen. Ihr Denken und Fühlen kreist fortwährend um Ihre Verletzung. Sie bleiben emotional an die Sache und an die Person gebunden, die Verletzung kommt wie ein Pop-up-Fenster in schöner Regelmäßigkeit wieder hoch. Das bindet Ihre Energie und bringt Sie immer wieder aus dem Gleichgewicht.

> **!** Verdeutlichen Sie sich, dass Verzeihen nicht notwendigerweise
> ● den Verzicht auf die eigene Position bedeutet. Sie können auf der
> Sachebene weiter Ihre Ansicht vertreten. Aber auf der emotionalen
> Ebene gibt es eine Veränderung. Denn Sie nehmen Ihrem Gegen-
> über seine Einstellung oder Handlungsweise nicht mehr übel.

Nachsicht erzeugt wieder Selbstständigkeit und Handlungsfähigkeit anstelle von Abhängigkeit und Lähmung. Allerdings erfordert der Vorgang des Verzeihens häufig viel Überwindung. Mit den folgenden vier Schritten kann der diffizile Vorgang des Verzeihens aber gelingen:

- *Schritt 1: Gehen Sie innerlich auf Abstand:* Dabei kann es hilfreich sein, auch äußerlich Distanz zu gewinnen: Vielleicht machen Sie eine Weile »einen Bogen« um den Problemkollegen oder Sie verlassen einfach kurz das Zimmer und atmen erst einmal durch. Wut ist in diesem Stadium normal, aber eben meist kein guter Ratgeber. Versuchen Sie daher, nicht im ersten Zorn loszupoltern.

- *Schritt 2: Lassen Sie die »böse Tat« beim anderen.* Ziehen Sie innerlich eine Trennscheibe hoch. Auf Ihrer Seite sind Ihre Gefühle: Ihr Schmerz, Ihre Kränkung, Ihre Enttäuschung. Auf der anderen Seite ist das, was Ihr Gegenüber getan hat. Sie haben nichts damit zu tun. Konzentrieren Sie sich ganz auf sich selbst.

- *Schritt 3: Verarbeiten Sie Ihren Schmerz.* Das ist der schwierigste, aber eben auch wichtigste Schritt: die negativen Gefühle zuzulassen. Nehmen Sie sich Zeit dafür. Denn erst wenn Sie Phasen von Wut und Traurigkeit durchlebt haben, können Sie Ihre innere Souveränität wiedererlangen und – im nächsten Schritt – der Frage nachgehen, ob Sie vergeben können. Wenn Sie das Gefühl haben, Sie möchten diesen Schritt nicht allein gehen, dann holen Sie sich Hilfe. Ein professioneller Coach oder Therapeut kann Sie dabei oft besser unterstützen als eine gute Freundin. Informieren Sie sich: Oft reichen schon wenige Beratungsstunden aus und Sie fühlen sich wesentlich besser.

- *Schritt 4: Versuchen Sie* – soweit wie möglich – *auch die andere Seite zu verstehen.* Warum hat die andere Person so gehandelt? Welche äußeren Umstände können eine Rolle gespielt haben? Welche inneren Beweggründe mag sie gehabt haben? Wenn Sie sie rational und gefühlsmäßig verstehen, ist das Verzeihen oft gar nicht mehr so schwer. Mehr noch: Sie fühlen sich dann womöglich gar nicht mehr in der Lage, *nicht* zu verzeihen.

Entschuldigen

Es ist nicht leicht, die Schuld für eigenes Fehlverhalten einzugestehen. Einfacher ist es, die Schuld bei anderen zu suchen. Schuld zu erkennen und zuzugeben wird häufig gleichgesetzt mit Blamage, Schande und Niederlage. Tatsächlich aber ist es ein Ausdruck persönlicher Reife, wenn Sie sagen können: »Es war meine Schuld. Es tut mir leid. Entschuldigung.«

> **!** Wichtig ist, dass Sie jede Sache, für die Sie sich verantwortlich
> **●** und/oder schuldig fühlen, tatsächlich bereinigen. Sonst schleppen
> Sie all diese Pannen als dauerhaften Ballast mit sich herum.

Wenn Sie jemand anderem etwas Unrechtes getan haben – sei es mit oder ohne Absicht –, stehen Sie möglicherweise vor zwei Scherbenhaufen. Relativ leicht ist es, einen materiellen Schaden zu beheben. Das geht meist mit Geld und häufig sind dann ja auch noch Versicherungen da. Diffiziler wird es, wenn *auf menschlicher Ebene Porzellan zerschlagen* wurde. Jemand ist enttäuscht wegen Ihrer Ungeschicklichkeit oder Unzuverlässigkeit. Mit einer lapidaren Entschuldigungsfloskel kommen Sie hier oft nicht weiter. Sprechen Sie mit denjenigen, denen Sie geschadet haben. Und zwar so offen, ehrlich und ausführlich, bis Sie sich tatsächlich ent-schuldet fühlen. Wenn Sie für den entstandenen Schaden nicht direkt selbst verantwortlich sind (Sie standen im Stau, Sie wurden krank oder jemand hat Ihr Verhalten missverstanden) oder wenn Sie sich mit der Entschuldigung schwertun, können Sie auch sagen: »Es tut mir leid.« Der Vorteil: Sie nehmen mit dieser Formulierung keine Schuld auf sich, für Ihr Gegenüber hat sie psychologisch aber beinahe die gleiche Wirkung.

Verstimmungen klären

Jedem passiert das einmal: Im Eifer des Gesprächs, nach zwei Stunden nervender Abteilungskonferenz, sagen Sie etwas, womit Sie Ihrem Gegenüber »auf den Schlips treten«. Es folgt peinliche Stille. Vielleicht verlässt jemand die Runde, das Thema wird gewechselt. Damit ist die Sache aber nicht aus der Welt geschafft! Immer, wenn Sie diese Person wieder sehen, fühlen Sie sich unbehaglich. Eigentlich wollen Sie am liebsten Gras über die Sache wachsen lassen – aber das funktioniert nicht. Lösen werden Sie dieses Dilemma wahrscheinlich nur, indem Sie auf die Person zugehen. Sie müssen gar keine große Rechtfertigung oder Erklärung vortragen, das bringt einen meist nicht weiter. Es reicht, wenn Sie sagen: »Ich glaube, ich bin Ihnen auf den Schlips getreten. Das tut mir leid.« Sie werden erstaunt sein: Oft ist die Person erst mal perplex – und dann richtig erleichtert darüber, dass Sie die Sache ansprechen.

> **!** Sprechen Sie die Verstimmung aber erst dann an, wenn sich
> **●** die ersten Wogen der Aufregung geglättet haben.

Das kann eine Stunde nach Ihrem Fauxpas sein, am nächsten Morgen oder nach dem Wochenende. Das gilt vor allem für Ihren Job. Im Privatleben ist es ein wenig anders. Über kleinere Unstimmigkeiten sollten Sie sich mit Ihrem Partner oder Ihrer Partnerin idealerweise aussprechen, bevor Sie abends zu Bett gehen – sonst schlafen Sie beide womöglich schlecht. Spätestens am nächsten Tag sollte die Sache jedenfalls aus der Welt geschafft werden.

Beschwerdefrei leben

Sich zu beschweren kann eine wirklich ideale Methode sein, sich dauerhaft und nachhaltig zu destabilisieren. »Wer sich beschwert, beschwert sich« – und zwar mit einer Menge Ballast, der das Leben im wahrsten Wortsinne schwer macht. Sicher: Oft glauben wir, jede Berechtigung für eine Beschwerde zu haben. Manchmal spricht auch eine objektive Beurteilung dafür. Aber machen Sie sich vielleicht einmal bewusst: Bei jeder Panne, bei jedem Zwischenfall haben Sie zwei Möglichkeiten:

■ Sie können sich beschweren – mit vermeintlicher oder wirklicher Berechtigung, besserwisserisch und mit ein paar Vorwürfen garniert. Kann sein, dass Sie damit sogar im ersten Moment Erfolg haben. Viel wahrscheinlicher ist es, dass Sie es sich mit Ihrem Gegenüber verderben. Und ganz bestimmt belasten Sie sich bei einer solchen Vorgehensweise.

■ Sie können die Beschwerde aber auch lassen. Einfach nur beobachten, was passiert, in einer anfänglichen Haltung von Verwunderung, mit neugierigem Interesse – und vielleicht sogar mit ein bisschen Humor. Und dann könnten Sie die Initiative zur Lösung ergreifen. Nicht durch eine Beschwerde, sondern durch freundliche, aber bestimmt geäußerte Kritik oder eine

Bitte. Das wird nicht immer funktionieren, in hartnäckigen Fällen müssen Sie dann vielleicht doch noch eine Beschwerde draufsatteln.

> **!** Sie werden es wahrscheinlich häufig erleben, dass Ihre Vorgehens-
> **●** weise, sich nicht zu beschweren, sondern freundlich und bestimmt
> zu kritisieren oder eine Bitte auszusprechen, Ihr Gegenüber über-
> rascht und Sie Ihr Ziel leichter und entspannter erreichen als mit
> der Beschwerdevariante.

Teil 5: Umsetzung im Alltag

Warum ist es nur so schwer, sein Leben zu verändern? Warum sind so viele unserer guten Neujahrsvorsätze schon Mitte Januar Schnee von gestern? Und warum bleiben so viele Ratgeberbücher und Seminare ohne erkennbare Wirkung? – Einer der Hauptgründe ist wohl, dass wir uns der Schwierigkeiten, die mit der Umsetzung von Vorhaben in die Praxis verbunden sind, gar nicht bewusst sind. Wie bei etlichen technischen Geräten eine Gebrauchsanweisung, so brauchen Sie für Ihre Zielerreichung das nötige *Know-how*, wie Sie Ihre zentrale Steuerungszentrale im Kopf und Ihr Nervensystem optimal bedienen. Erst wenn Sie wissen, wo das Problem steckt, können Sie es angehen, denn: Ein erkannter Gegner ist nur noch halb so gefährlich.

Richtig planen

Die richtige Planung ist das entscheidende Steuerungsinstrument zur Erreichung und kontinuierlichen Aufrechterhaltung Ihrer Lebensbalance. Nehmen Sie sich gerade am Anfang genügend Zeit dafür. Je bedachter Sie langfristig und auch kurzfristig planen, desto leichter wird Ihnen die Ausführung Ihrer Vorhaben fallen und desto eher werden Sie Umwege und unnötige Zeitverschwendung vermeiden. Reservieren Sie sich für Ihre erste eingehende Planung ein bis zwei Tage, möglichst an einem ungestörten Ort mit einem gewissen Abstand zu Ihrem Alltagsgeschehen, im Gebirge, am Meer, in einem Wellnesshotel oder gar in einem Kloster.

> **!** Die Hauptsache ist, Sie finden eine Atmosphäre, die Ihnen erlaubt,
> **●** sich in Ruhe einer der wohl wichtigsten Fragen in Ihrem Leben
> zu widmen: Wann und wie kann ich die Dinge realisieren, die mir
> wirklich wichtig sind?

Nicht zu viel vornehmen

Viele Verbesserungsaktionen scheitern, weil wir uns zu viel auf einmal vornehmen. Wenn wir uns überfordern, wird am Schluss meist gar nichts daraus. Und häufig liegt es nicht nur daran, dass wir uns objektiv zu viel vorgenommen haben, weil wir zeitliche und körperliche Möglichkeiten unrealistisch eingeschätzt haben, sondern daran, dass wir subjektiv das Gefühl haben: »Das kann ich gar nicht schaffen.« Um sich zu überwinden, brauchen Sie das Gefühl der Machbarkeit, sonst haben Sie gegen Ihren inneren Schweinehund kaum eine Chance. Was bedeutet das für die Praxis?

Zunächst einmal: *Verteilen Sie Ihre Vorhaben über einen längeren Zeitraum.* Sie müssen (und können) Ihr Leben nicht in einem Monat völlig umkrempeln. Erledigen Sie die Dinge nacheinander. Sie haben festgestellt, dass drei ärztliche Vorsorgeuntersuchungen anstehen? Ihr innere Stimme ruft: »O weh, wann soll ich die alle unterbringen?« Halt! Nicht alles auf einmal! Planen Sie im nächsten Halbjahr alle zwei Monate eine Visite ein, dann überfordern Sie sich zeitlich nicht. – Ihr Brief-Schuldenkonto steht mit dreizehn im Minus? Dann planen Sie bitte keinen Schreibmarathon für das nächste Wochenende, sondern nehmen Sie sich im kommenden Quartal jede Woche einen Brief vor – und schreiben Sie ihn jeweils schon am Montag, dann haben sie es hinter sich!

Und dann: *Teilen Sie größere Vorhaben in kleine Einheiten.* Sie wissen, wie man einen Elefanten isst? – Sie schneiden ihn in kleine Häppchen und verspeisen diese Stück für Stück. Ein Beispiel: Die Lektüre eines dreihundert Seiten dicken Buches – bei aller Beanspruchung in Ihrem auch sonst vollgepackten Leben? Unmöglich! Wirklich? –

Auf einmal: Ja, aber nehmen Sie sich täglich nur zehn Seiten vor, dann sind Sie nach einem Monat durch und werden, wenn Sie Spaß am Lesen gefunden haben, gleich das nächste Buch angehen. Und wenn Ihnen zehn Seiten zu viel erscheinen, ist es auch okay, dann reduzieren Sie Ihre Lesehäppchen eben auf fünf Seiten und genießen die Lektüre über zwei Monate hinweg. Mit sechs gelesenen Büchern pro Jahr liegen Sie statistisch im kulturellen Spitzenfeld!

Eines der wichtigsten Rezepte der Umsetzungs-»Meisterköche« lautet:

 Häppchen machen und notfalls nochmals zerkleinern!

Kreation statt Reaktion

Der Schlüssel zu einer erfolgreichen Planung liegt in der Konzentration auf die wirklich wichtigen Dinge. Warum das so wichtig ist, lässt sich anhand der bekannten Prioritäten-Matrix des amerikanischen Generals Dwight D. Eisenhower veranschaulichen. Sie zeigt den Zusammenhang von Wichtigkeit und Dringlichkeit in Bezug auf unsere täglichen Aufgaben.

- *A-Aufgaben* sind wichtig und dringend, haben also die höchste Priorität und müssen sofort, in der Regel von uns selbst, angegangen werden.

- *B-Aufgaben* sind wichtig, aber noch nicht dringend, und da sie eben noch nicht drängen, werden sie meistens aufgeschoben. Die Gefahr ist, dass wir sie erst angehen, wenn sie dringlich geworden sind, oder dass wir gar nicht mehr dazu kommen.

- *C-Aufgaben* sind zwar nicht wichtig, aber dringend. Mit ihnen beschäftigen wir uns die meiste Zeit des Tages, sie sind unsere eigentlichen Zeitfresser. Somit liegt hier das größte Potenzial zur Wiedergewinnung wertvoller Zeit für die eigentlich wichtigen Dinge in unserem Leben. Diese Zeitfresser gilt es zu rationalisieren, zu delegieren oder gar zu eliminieren.

- Alle übrigen Aufgaben, also alle, die weder wichtig noch dringend sind, gehören in den Papierkorb!

Das Wichtige in Ihrem Leben müssen Sie bewusst kreieren, sonst werden Sie unbewusst nur auf Dringendes reagieren.

Das entscheidende Problem liegt in der täglichen Vorherrschaft dringender C-Aufgaben, die uns keine Zeit mehr für das Wichtige lassen! Sie zwingen sich uns auf und bestimmen unser Leben, sodass wir meistens nur noch reagieren, statt unser Leben aktiv zu gestalten. Der einzige Ausweg lautet dann: *Kreation statt Reaktion!* Zeit für die wichtigen Dinge müssen wir uns aktiv durch rechtzeitige Planung kreieren. Mit all unserer Kreativität gilt es, Zeitreserven für das Wichtige zu mobilisieren, die ewig von außen drängenden Anforderungen zu reduzieren, abzugeben oder gar entschieden abzuwehren. Wir müssen unseren Lebensschwerpunkt aus dem bloß reaktiven Dringlichkeitsbereich in den kreativen Bereich der uns wichtigen Dinge verlagern. Interessanterweise besteht das Wort KREATION aus den gleichen Buchstaben wie das Wort REAKTION. Entscheidend ist, wo Sie das K setzen! Das K hat gewissermaßen die Kontrolle über

Ihr Leben. Setzen Sie das K an den Anfang! Denn Kontrolle ist nur am Anfang möglich (vorher), später verlieren Sie sie in der Hektik ständiger Reaktion. Das K steht auch für Ihr Können, Ihr (Zeit-) Kapital, Ihren Kurs. Nutzen Sie Ihr Können, Ihr (Zeit-)Kapital und Ihren Kurs beizeiten, um Ihre Aufgaben zu erledigen.

Wie können Sie das in der Praxis am besten verwirklichen, wie sieht es konkret aus, wenn Sie kreieren statt reagieren? Den strategisch günstigsten Ansatz bietet die Wochenplanung. Reservieren Sie jede Woche bestimmte Zeiteinheiten für jeden Lebensbereich. Nur wenn Sie diese Zeiten terminieren und diese Termine einhalten, haben Sie die Chance, dass Sie wirklich zu den Dingen kommen, die Ihnen wichtig sind. Und Sie brauchen auch nicht besorgt zu sein, dass Sie damit entscheidende Sachen vernachlässigen. Zwischen und neben den wichtigen Angelegenheiten bleibt noch viel Platz. Dies veranschaulicht Steven R. Coveys Kieselstein-Prinzip: Angenommen, Sie wollen etliche große Kieselsteine und Sand in ein Glas füllen. Wenn Sie das Glas zuerst mit Sand fast bis zum Rand voll machen, haben anschließend nur noch wenige oder gar keine Kieselsteine Platz. Geben Sie dagegen die Kieselsteine zuerst hinein, findet sich zwischen ihnen noch genügend Platz für den Sand.

! **Beginnen Sie daher auch bei Ihrer Planung mit den »Kieselsteinen«,**
● **Ihren Prioritäten, und füllen Sie die übrige Zeit mit »Sand«, also**
den weniger wichtigen Dingen.

Zeitinseln schaffen

Neben den Terminen für bestimmte wichtige Aktivitäten brauchen wir für unsere innere Stabilität Zeiten, die nicht mit etwas Bestimmtem gefüllt sind, also Zeitinseln, die frei bleiben für uns selbst, für den Augenblick, zum Faulenzen oder einfach, um das zu tun, wonach uns gerade zumute ist – aber eben ohne einen bestimmten inhaltlichen Plan. Mindestens ein Mal im Jahr sollten Sie sich eine Auszeit von ein paar Wochen, wenigstens aber einigen Tagen gönnen. Und täglich sollte eine Stunde dafür reserviert sein. Ja, Sie haben richtig gelesen: täglich! Eine Stunde! Vielleicht reichen Ihnen auch 30 oder 45 Minuten … das ist ganz unterschiedlich. Aber das Entscheidende ist: täglich! Das mag zunächst sehr luxuriös klingen, für den einen oder anderen vielleicht auch etwas eigensüchtig, doch die meisten Sinnkrisen sind erfahrungsgemäß Spätfolgen von versäumter Zeit für sich selbst. Machen Sie also T.I.E.S.: Termine In Eigener Sache! Lassen Sie die T.I.E.S.-Methode wie die vorgenannte Kieselstein-Methode zu den Eckpfeilern Ihrer Planung werden. Umso größer sind die Chancen für Ihre Lebensbalance! Vergessen Sie nicht:

 Zeitreserven müssen Sie reservieren!

Am besten, Sie reservieren sich als T.I.E.S. größere und kleinere Auszeiten:

Wann?	Was?	Wofür?
Alle ein bis zwei Jahre	Eine große Auszeit von zwei bis sechs Wochen	Raus aus der gewohnten Umgebung, etwas ganz anderes machen, Neuorientierung
Am Jahresende	Zwei Tage	Revisions- und Planungszeit
Monatlich	Ein Tag	Zeit für sich allein, ohne etwas Bestimmtes tun zu müssen
Wöchentlich	Drei bis vier Stunden	Auftanken und tun, was Sie wollen
Täglich	30 Minuten oder gar eine Stunde	Entspannen und regenerieren

Das Ganze erscheint Ihnen wie ein Idealzustand? Vielleicht! – Unerreichbar? Keineswegs! Vielleicht nicht regelmäßig erreichbar, aber immer wieder. Es ist besser, Sie versuchen wenigstens diese Auszeiten zu verwirklichen und schaffen dann vielleicht nur sechzig oder achtzig Prozent davon, als dass Sie es sich gar nicht erst vornehmen. Denn Sie können sicher sein, dass sich diese Auszeiten nicht von selbst einstellen. Ich kenne einige sehr erfolgreiche Menschen, die sich sogar noch mehr Auszeiten gönnen. Vielleicht ist das sogar einer der Gründe, warum sie so erfolgreich sind!

Richtig angehen

Dauerhafte Verhaltensänderungen gehören zu den größten Herausforderungen für unser Nervensystem. Warum ist das so?

Ingrid L., Marketingleiterin eines Versicherungskonzerns, hatte nach einem Wochenende in einem Wellnesshotel mit Konditions- und Lauftraining beschlossen, nun täglich zu joggen, um etwas mehr Bewegung in ihr sonst von Büroarbeit geprägtes Leben zu bringen. Beflügelt von der Begeisterung des Neuanfangs stand sie nun jeden Morgen eine Dreiviertelstunde früher auf, um mindestens 30 Minuten zu laufen. Doch schon nach wenigen Tagen schlug ihre Stimmung um. Ihre Gelenke schmerzten, der erste Muskelkater stellte sich ein, und obwohl sie meinte, alles vorschriftsmäßig zu machen, blieben doch die verheißenen Endorphinausschüttungen aus. Eine Woche hielt sie durch, dann musste sie berufsbedingt ihr Laufprogramm unterbrechen; ein paar Tage später ließ sie es wieder ausfallen. Bald wurden die Ausnahmen zur Regel, und schließlich gab sie resigniert ganz auf, da das Thema Laufen ihr immer mehr Frust als Freude bereitete.

Die Kunst dauerhafter Verhaltensänderung

Warum ist es nur so schwer, unser Verhalten zu ändern, eine neue Gewohnheit anzunehmen? Alle Einsicht in die Sinnhaftigkeit einer Sache und alle Starteuphorie scheinen nicht zu genügen und schmelzen binnen kurzer Zeit wie Eis in der Sonne. – Der Hauptgrund, den die meisten nicht berücksichtigen, ist die ungeheure Widerstandskraft unserer bisherigen Gewohnheiten und damit verbunden die erforderliche Zeit, bis ein neues Verhalten in unserem Leben »greift« und zu einer neuen Gewohnheit wird. Unser ganzes Nervensystem scheint mit seinen alten Verhaltensmustern jede Umprogrammierung zu verhindern. Wer etwas Neues dauerhaft in sein Leben einbauen will, wird nicht selten das Gefühl haben, gegen den Strom zu schwimmen, eben gegen den Fluss der alten Gewohnheiten. Und so ist es durchaus verständlich, dass viele das Handtuch werfen und aufgeben.

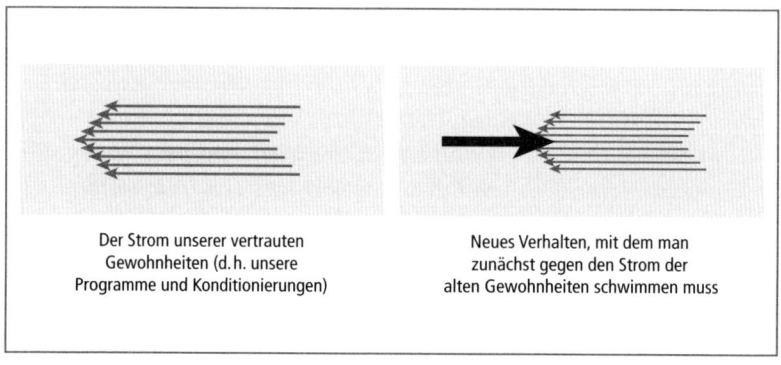

Der Strom unserer vertrauten
Gewohnheiten (d. h. unsere
Programme und Konditionierungen)

Neues Verhalten, mit dem man
zunächst gegen den Strom der
alten Gewohnheiten schwimmen muss

Wer aber über einen längeren Zeitraum die neue Praxis durchhält, es gewissermaßen schafft, gegen den Fluss all seiner inneren Widerstände anzuschwimmen, der wird reichlich belohnt: Nach einiger Zeit fällt es ihm immer leichter, die tägliche Überwindung wird immer geringer und der Profit für das eigene Wohlergehen immer größer – nun schwimmt er im Fluss der neuen Gewohnheit.

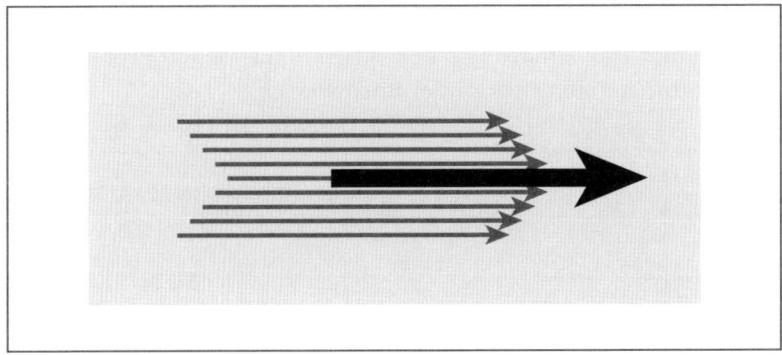

Ein kleines unschönes Hindernis gibt es dabei freilich: Die Relation von Aufwand und Ertrag fällt in der Anfangsphase erst einmal zu unseren Ungunsten aus, in der Betriebswirtschaft würde man sagen: Der »Return on Investment« ist stark verbesserungsbedürftig. Denn zum einen müssen Sie – da Sie sich ja noch gegen die Fahrtrichtung bewegen – für das neue Verhalten ziemlich viel Kraft aufwenden, also einen hohen Einsatz an Selbstüberwindung aufbringen. Zum anderen fällt es am Anfang oft sehr schwer, die Vorteile zu sehen. Die Rendite an »Wohlgefühl-Einheiten« ist eben einfach sehr gering, wenn Sie zum Beispiel ein Laufprogramm in Ihren Alltag integrieren wollen und in der Anfangsphase zunächst einmal vor allem Muskelkater haben und mit Kurzatmigkeit kämpfen müssen. Das alles macht sich zunächst in Ihrem Befinden negativ bemerkbar, und zu irgendeiner Ausschüttung von Endorphinen, die gute Laune machen sollen, kommt es auch nicht. Aber auch dieses Problem stellt sich nur am Anfang. Wenn Sie dranbleiben und den Trampelpfad kontinuierlich weiter ausbauen, dann kommen Sie ziemlich bald zu einem Punkt, an dem sich das Verhältnis von Aufwand und Ertrag umkehrt.

Jetzt kostet es Sie nicht mehr so viel Selbstüberwindung und Kraft, das neue Verhalten durchzuhalten, und die positiven Aspekte schieben sich langsam in den Vordergrund.

Der »Return on Investment« ist nun wesentlich besser, und es wird auch immer unwahrscheinlicher, dass Sie das neue Verhalten aus einer Laune heraus wieder über Bord werfen.

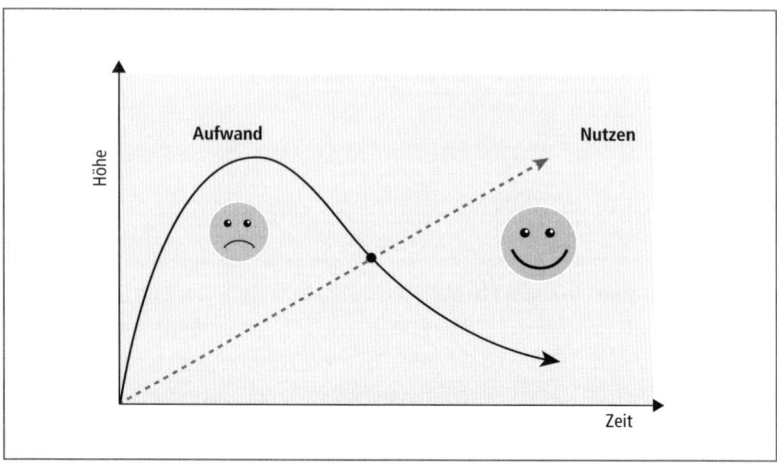

Womit sich die Frage stellt, wie lange es dauert, bis ein neues Verhalten »eingespurt« ist, bis das Verhältnis von Aufwand und Ertrag also jenen »magischen Punkt« erreicht hat, an dem wir eigentlich nicht mehr zu unserem alten Verhalten zurückkehren wollen. Bis Sie also tatsächlich jeden Tag um 06.45 Uhr aufstehen, ohne dies als Zwang zu empfinden, ohne sich überwinden zu müssen, vielleicht sogar, ohne den Wecker stellen zu müssen. Über die notwendige Eingewöhnungszeit wird in der Welt der Verhaltensforscher ein wenig gestritten. Manche sagen, man brauche ein halbes Jahr, andere halten schon sechs bis acht Wochen für ausreichend. Letztlich kommt es auf solche Zeitangaben aber nicht an. Das sind alles nur Richtwerte, und bei jedem Menschen läuft es ein bisschen anders. Für den einen reichen schon wenige Wochen aus, der andere braucht tatsächlich mehrere Monate. Eine verlässliche Möglichkeit, den Ausbaustand Ihres Nerven-Highways in Erfahrung zu bringen, ist, zu prüfen, wie sehr Sie sich noch zu Ihrer neuen Tätigkeit überwinden müssen. Da der Überwindungsaufwand in der Anfangsphase sehr hoch ist, gilt:

> ❗ Je mehr Sie sich überwinden müssen, desto gefährdeter ist Ihr
> ● neues Verhalten – je leichter es Ihnen fällt, desto näher sind Sie
> am »magischen Punkt« dran.

Die kritische Anfangsphase

Das Entscheidende ist also, die Anfangsphase richtig anzugehen und durchzuhalten. Wenn Sie die folgenden drei Regeln beachten, dann haben Vorhaben in Ihrem zukünftigen Leben eine viel höhere Realisierungschance:

Die drei goldenen Regeln der Anfangsphase
1. Immer nur eine einzige neue Sache auf einmal angehen und dieser Vorfahrt geben!
2. Klein anfangen und langsam steigern!
3. Ohne Ausnahmen am Ball bleiben!

Konkret bedeutet das: Weil Verhaltensänderungen so schwierig sind, sollten Sie all Ihre Kraft *einer einzigen neuen Angelegenheit* widmen, sonst kämpfen Sie an verschiedenen Fronten gegen Ihre alten Gewohnheiten und überfordern sich. Also nicht ab morgen anfangen zu laufen, aufhören zu rauchen, täglich zwanzig Minuten meditieren und vielleicht auch noch eine Diät machen. Eine der beliebtesten Silvestervorsatzfallen! Gehen Sie die Dinge nacheinander an. Wenn Sie nach ein oder zwei Monaten Lauftraining den »magischen Punkt« überschritten haben, dann können Sie sich getrost der nächsten Sache widmen.

Bei Regel 2 gilt vor allem: *Machen Sie sich den Anfang so leicht wie möglich!* Fangen Sie klein an! Legen Sie die Latte erst einmal niedrig, sodass Sie das Gefühl haben, es sei machbar. Laufen Sie unter Umständen anfangs nur fünf Minuten pro Tag und steigern Sie sich nach einer Woche auf zehn, dann auf 15 Minuten und so weiter. Es ist besser, Sie erreichen die anvisierten 30 Minuten erst nach sechs Wochen oder noch später, als dass Sie sich am Anfang so überfordern, dass Sie nach kurzer Zeit aufgeben.

Vermeiden Sie es, in die Ausnahmefalle zu tappen.

Um eine neue Gewohnheit zu schaffen, bedarf es der *ständigen rhythmischen Wiederholung* der betreffenden Tätigkeit, und zwar möglichst *zur selben Zeit, am selben Ort* und *in derselben Art und Weise*. Das ist das Geheimnis der Programmierung unseres Nervensystems. Es ist mit einer Spur vergleichbar, die Sie auf einer taubedeckten Wiese hinterlassen. Nach kurzer Zeit ist sie wieder verschwunden, es sei denn, Sie gehen auf genau derselben Linie immer wieder hin und her. Dann entsteht mit der Zeit ein schmaler Trampelpfad. Durch die tägliche rhythmische Wiederholung schaffen Sie gewissermaßen einen »Verhaltenstrampelpfad« in Ihrem Nervensystem. In dieser Anfangsphase sollten Sie möglichst *keine Ausnahme zulassen*. Sonst tappen Sie zu leicht in die berühmte Ausnahmefalle: ausfallen lassen, schleifen lassen, sein lassen. Die Gefahr liegt in der ersten Ausnahme, die der zweiten meistens schon die Tür öffnet. Der psychologische Trick: Wenn Sie wirklich einmal zu einer Ausnahme gezwungen sind und Ihr morgendliches Laufprogramm nicht absolvieren können, weil Sie schon um halb sechs Uhr morgens zum Flughafen müssen, dann holen Sie es am kommenden Wochenende einfach nach, indem Sie am Samstag zweimal laufen – oder aber Sie gönnen sich am Ausnahmetag eine »Minieinheit« von fünf Minuten: Laufschuhe anziehen, einmal um den Häuserblock laufen – und dann erst die morgendliche Dusche nehmen. Es mag für Ihre Kondition nicht allzu viel bringen, aber wenigstens haben Sie keine Ausnahme gemacht. So bleiben Sie am Ball! – Im Übrigen gilt das nur für die Anfangsphase, denn wenn Sie den magischen Punkt überschritten haben, sind Ausnahmen nicht mehr gefährlich. Dann ruft Sie Ihre neue Gewohnheit von selbst zu sich zurück und fordert Sie auf, sie zu beachten.

Dabei helfen Ihnen die folgenden Umsetzungstipps: Geben Sie neuen Vorhaben in Ihrem Leben *Präsenz*. Versuchen Sie, sich so oft wie möglich im Lauf eines Tages daran zu erinnern. Kleben Sie sich beispielsweise kleine »Post-its« mit einem Stichwort an die verschiedensten Stellen: etwa an Ihr Notebook, an den Badezimmerspiegel, an das Armaturenbrett im Auto, an Ihre Schreibtischlampe. So erinnern Sie sich überall an das Neue, mit dem Sie Ihr Leben bereichern wollen, und verhindern, dass so mancher gute Vorsatz in Vergessenheit gerät.

! **Je präsenter ein neues Anliegen, desto**
● **größer seine Umsetzungschancen.**

Mein letzter Umsetzungstipp ist: Unterstützen Sie Ihre Vorhaben, indem Sie sich mit anderen verabreden, zum Beispiel zum gemeinsamen Morgenlauf oder zum Besuch des Fitnessstudios. *Treffen Sie mit anderen Vereinbarungen* über das, was Sie in Ihrem Leben verändern wollen, und erlauben Sie ihnen, Sie daran zu erinnern und nachzufragen. Am besten, Sie machen das gegenseitig. Höchstwahrscheinlich benötigen Sie den Impuls von außen nur in der Anfangsphase, bis Ihr Körper begriffen hat, wie gut Ihnen die Veränderung tut. Sie wissen ja: Die Anfangsphase ist die schwierigste, also holen Sie sich ruhig Hilfe – wie die Stützräder beim Kinderfahrrad: Später fahren Sie allein weiter!

77 beste Tipps für Ihre innere Stabilität

1.	Nehmen Sie sich immer wieder mal eine *Auszeit*, um über Ihr Leben nachzudenken – und was Sie für Ihre innere Stabilität tun können.
2.	Machen Sie eine Inventur, wie es derzeit mit Ihren *vier Lebensbereichen* (nach dem Peseschkian-Modell) in Ihrem Leben aussieht. Was ist positiv? Was sollten Sie ändern?
3.	Malen Sie sich aus, wie *Ihr Leben in Balance in drei Jahren* und in zehn Jahren aussehen soll.
4.	Machen Sie sich bewusst, wie es um die *Prioritäten Ihrer Lebensbereiche* je nach Ihrer Lebensphase bestellt ist.
5.	*Vernachlässigen Sie keinen der Lebensbereiche* – vieles lässt sich später nicht mehr nachholen.
6.	*Trennen Sie* (soweit möglich) *Berufs- und Privatleben.* Nehmen Sie insbesondere keine Arbeit mit nach Hause. Wenn Sie aber zu Hause arbeiten müssen oder wollen, ziehen Sie sich gezielt für ein paar Stunden zurück.
7.	Machen Sie sich bewusst, wie viel Ihrer *Arbeit* für Sie *Berufung* und Erfüllung darstellt und wie viel nur notwendige *Pflicht* – und ob Sie daran eventuell etwas ändern können.
8.	*Konzentrieren Sie sich auf Ihre Stärken,* statt mühsam Ihre Schwächen zu bekämpfen.
9.	Machen Sie sich bewusst, was Sie immer wieder *überfordert* – und was Sie *unterfordert* … und bei welchen Tätigkeiten Sie sich im Rahmen Ihrer Fähigkeiten gut gefordert fühlen, ja bisweilen auch *Flow* erleben.
10.	*Fordern Sie sich immer wieder neu* – aber ohne sich dabei zu überfordern.
11.	Planen Sie ausreichende *Regenerationsphasen* ein. Optimal: nach 50 Minuten konzentrierter Arbeit zehn Minuten Pause!

12.	Erlauben Sie es sich manchmal, die *Ansprüche* an sich selbst *herunter-zuschrauben* – und es sich für gewisse Phasen leichter zu machen.
13.	*Bilden Sie sich immer weiter.* Sie können sich ständig verbessern (ohne sich zu überfordern).
14.	*Geben Sie Anerkennung* – anderen und auch sich selbst. Notieren Sie sich immer wieder, was Sie gut gemacht haben.
15.	*Sorgen Sie zunächst für sich selbst* – und dann unterstützen Sie andere.
16.	Sorgen Sie *in der Beziehung* für gemeinsame Planungszeiten – für gemeinsame Gesprächszeiten und für gemeinsame »Hoch-Zeiten«.
17.	Nehmen Sie sich so viel *Zeit* wie möglich *für Ihre Kinder*: zum Spielen, zum Vorlesen, für gemeinsame Unternehmungen. Diese Zeiten können Sie später nicht mehr nachholen.
18.	Erlauben Sie es sich, Ihren Kindern so viel *Verständnis* wie möglich zu zeigen – *und* gleichzeitig klare *Grenzen* zu setzen.
19.	Klären Sie, so gut es geht, das Verhältnis zu Ihren *Eltern* und nehmen Sie sich Zeit für sie (bevor es nicht mehr nachzuholen ist).
20.	*Verwandte und Freunde* können Gold wert sein. Schaffen Sie sich ein Netzwerk an Vertrauten.
21.	Nutzen Sie die Kunst des *Networkings*, bauen Sie verlässliche Beziehungen auf und setzen Sie sie zum gegenseitigen Nutzen ein.
22.	*Engagieren Sie sich für andere.* Sie erhalten einen »instant return on invest-ment« … und leben zufriedener und erfüllter.
23.	Sorgen Sie frühzeitig für Ihre *Gesundheit* durch richtige Ernährung, Bewegung, Vorsorgeuntersuchungen und Stressmanagement. Dann können Sie bis ins hohe Alter fit und gesund am Leben teilnehmen.
24.	*Trinken Sie ausreichend* – mindestens 1,5 Liter am Tag.
25.	Essen Sie möglichst viel Vollwertkost, vor allem *»langsame« statt »schnelle«* Kohlehydrate.
26.	*Reduzieren Sie fettreiche Lebensmittel.* Vor allem »mehr Fisch – weniger Fleisch« und »mehr Olivenöl – weniger Butter«.
27.	*Schützen Sie Ihre Essenszeiten:* Slow Food statt Fast Food.

28.	Nehmen Sie sich Zeit für wichtige *Vorsorgeuntersuchungen*: Sie könnten Ihr Leben retten.
29.	Fragen Sie sich immer wieder: *Was will ich wirklich mit meinem Leben anfangen? Was ergibt für mich Sinn?*
30.	Entwickeln Sie Ihre *Lebensvision*.
31.	Nehmen Sie sich ausreichend Zeit für *Persönlichkeitsentwicklung und Kultur*.
32.	*Reduzieren Sie Ihren Fernsehkonsum* zugunsten von bereichernder Lektüre.
33.	*Verhindern Sie Stress* durch eine Stressorenanalyse und planerische Maßnahmen, wie Sie diese Stressoren vermeiden können.
34.	*Verbrennen Sie Ihr Adrenalin* durch Bewegung oder Sport.
35.	*Verdünnen Sie Adrenalin* durch Endorphine – durch alles, was Ihnen Freude macht.
36.	*Schaffen Sie innerlich eine Lücke* zwischen dem äußeren Auslöser Ihres Ärgers und Ihrem Ärgermuster – durch diese Lücke können Sie aus Ihrem Ärgerprogramm aussteigen.
37.	Üben Sie es, zu Ihrem Ärger *Abstand zu gewinnen*: räumlich, zeitlich und innerlich.
38.	Nutzen Sie die Möglichkeit, den »*Rahmen*« von stressigen Ereignissen *zu wechseln* bzw. wechseln Sie das Programm: Erlernen Sie die Kunst des »*inneren Zappens*«.
39.	Machen Sie sich Ihre *Resilienzfaktoren* bewusst.
40.	Entscheidend sind in erster Linie nicht die Ereignisse, die die Krise bewirken, sondern die Art, *wie Sie sie bewerten*.
41.	Vertrauen Sie auf Ihren »*inneren Airbag*«, über den Ihre Psyche für Krisenzeiten verfügt.
42.	Schaffen Sie in Krisen als Erstes *Klarheit*, worum es wirklich geht.
43.	Der wohl schwierigste, aber auch wichtigste Schritt in einer Krise ist, *anzunehmen, was ist*.
44.	Lernen Sie die *Krise als Chance* zu sehen. Sie werden dadurch auch stärker und resilienter.

45.	*Fokussieren Sie sich auf das Positive* – machen Sie sich die »9 Richtigen« bewusst. Das hilft Ihnen, die Krise zu meistern.
46.	Holen Sie sich *Unterstützung von anderen*: von Nahestehenden und von Profis.
47.	Stärken Sie in der Krise Ihr *Selbstvertrauen*, vor allem, indem Sie sich bewusst machen, welche Krisen Sie in Ihrem Leben bereits gemeistert haben.
48.	Konzentrieren Sie sich auf Ihren »*Circle of influence*« – nicht auf den »Circle of concern«.
49.	Erlauben Sie sich in schweren Zeiten, *Schmerz und Trauer zuzulassen*.
50.	*Setzen Sie* sich in der Krise *neue Ziele* und richten Sie damit Ihren Fokus vom Problem weg und hin zur Lösung.
51.	Lernen Sie, nach der Krise *loszulassen und weiterzugehen*. Vor allem verzeihen Sie, denn Nachsehen ist viel klüger als Nachtragen.
52.	*Fördern Sie proaktiv Ihre Resilienz* und trainieren Sie sie.
53.	Stärken Sie Ihren *inneren Optimisten*.
54.	*Trainieren Sie Ihre Stärken* und stärken Sie Ihr Selbstvertrauen regelmäßig … und sorgen Sie für sich selbst.
55.	Nutzen Sie das *Potenzial schon gemeisterter Krisen* und nehmen Sie sich resiliente Menschen zum Vorbild.
56.	*Investieren Sie in belastbare Beziehungen*, vor allem, indem Sie auch für andere da sind.
57.	Üben Sie sich immer wieder im *Loslassen*.
58.	*Trainieren Sie Ihre Lernbereitschaft* und behalten Sie immer das Wesentliche im Auge, also das, was Ihr Leben sinn- und wertvoll macht.
59.	Lernen Sie ein oder zwei *Entspannungstechniken* und praktizieren Sie sie regelmäßig. Je entspannter Sie sind, desto stabiler sind Sie.
60.	*Lernen Sie zu meditieren* (auch auf ganz einfache Weise) und tauchen Sie so immer wieder »in sich selbst« und in den gegenwärtigen Augenblick ein.
61.	Schaffen Sie sich in Ihrem Alltag *Zeiten und Orte der Stille*.
62.	*Bewegen Sie sich täglich*, so viel Sie können – durch regelmäßigen Sport oder auch durch Mini-Bewegungseinheiten.

63.	Nutzen Sie die *stabilisierende Wirkung von Musik* – vor allem die ausgleichende Wirkung von Alpha-Musik.
64.	Gehen Sie *raus in die Natur*, in den Wald, an den Strand, in die Berge oder den Stadtpark – eine der besten Möglichkeiten, innerlich aufzutanken.
65.	*Lachen Sie* so oft Sie können – es heilt die Seele und den Körper. Allein oder mit anderen – selbst nur eine Minute Lächeln kann Wunder wirken.
66.	*Vermeiden Sie die Gewöhnungsfalle und die Vergleichsfalle* – oder besser: Nehmen Sie bewusst wahr, wenn diese Muster bei Ihnen aktiv werden. Aber lassen Sie sie nicht ans Steuer, sonst können sie Ihnen die Laune und das Leben vermiesen.
67.	Üben Sie die *weise Praxis der Dankbarkeit*, auch für die kleinen Dinge – umso zufriedener werden Sie leben.
68.	*Entschleunigen Sie Ihr Leben*, vermindern Sie immer wieder die Geschwindigkeit und ersetzen Sie Qualität durch Quantität und tiefes Erleben.
69.	Lernen Sie, sich *bewusst zu konzentrieren* und für gewisse Zeiten ganz bei einer Sache zu sein.
70.	*Zur Konzentration brauchen Sie* nur (1) eine klare Aufgabe und (2) die Abschirmung von Störungen (Handy aus, E-Mail aus, Türe zu).
71.	Schaffen Sie in Ihrem Alltag *Zeitinseln zum Lesen* – um in die Lektüre eines Buches einzutauchen.
72.	*Räumen Sie auf*, entrümpeln Sie und schaffen Sie Ordnung – wie außen, so innen.
73.	*Verzeihen Sie, entschuldigen Sie sich und klären Sie Ungelöstes*. So räumen Sie auch innerlich auf.
74.	*Planen Sie regelmäßig, was Ihnen wichtig ist*, und nehmen Sie sich nicht zu viel vor – besser ist es, kleine Einheiten auf einen längeren Zeitraum zu verteilen.
75.	*Planen Sie immer zuerst die wichtigen Dinge* – so leben Sie kreativ statt reaktiv.
76.	Planen Sie und schaffen Sie *Zeitinseln für sich*: Vereinbaren Sie Termine in eigener Sache (T.I.E.S.).
77.	Und für *dauerhafte Verhaltensänderungen* gilt: • immer nur eine Sache mit »Vorfahrt« • klein anfangen und langsam steigern • ohne Ausnahmen (es sei denn: »Minimumprogramm«)

Literaturverzeichnis

Berndt, Christina: *Resilienz. Das Geheimnis der psychischen Widerstandskraft.* dtv Verlag, München, 4. Auflage 2015

Birkenbihl, Vera F.: *Freude durch Stress.* mvg Verlag, Heidelberg, 16. Auflage 2006

Collatz, Annelen; Gudat, Karin: *Work-Life-Balance.* Hogrefe Verlag, Göttingen 2011

Covey, Stephen R.: *Die 7 Wege zur Effektivität: Prinzipien für persönlichen und beruflichen Erfolg.* GABAL, Offenbach 2005

Csíkszentmihályi, Mihály: *Flow. Das Geheimnis des Glücks.* Klett-Cotta, Stuttgart, 18. Auflage 2015

Flick, Christian; Weber, Mathias: *Work hard – live smart. Der Best Practice Ratgeber für smartes Arbeiten und ebenso smartes Leben.* Diplomica Verlag, Hamburg 2016

Froböse, Ingo: *Power durch Pause. Stress stoppen, richtig abschalten, kraftvoll neu starten.* Gräfe und Unzer Verlag, München 2016

Giese, Johanna: *Work-Life-Balance in Unternehmen: Erfolgsfaktor für Arbeitgeber und Arbeitnehmer?* tredition-Verlag, 2013

Gottman, John: *Kinder brauchen emotionale Intelligenz. Ein Praxisbuch für Eltern.* Heyne Verlag, München 1998

Gray, John: *Männer sind anders, Frauen auch.* Goldmann, München 1993

Haller, Hugo: *Antistress-, Ziel- und Zeitmanagement.* Erfolg Plus-Verlag, Saarbrücken 2010

Hansch, Dietmar: *Burnout: Mit Achtsamkeit und Flow aus der Stressfalle.* Knaur MensSana, München 2014

Johnson, Spencer: *Eine Minute für mich.* Rowohlt Taschenbuch Verlag, Reinbek bei Hamburg, Berlin, 15. Auflage 2002

Kalbheim, Eva: *Resilienz für Dummies.* Wiley-VCH Verlag, Weinheim 2016

Linneweh, Klaus; Heufelder, Armin; Flasnoecker, Monika: *Balance statt Burn-out: Der erfolgreiche Umgang mit Stress und Belastungssituationen.* Zuckschwerdt-Verlag, München, Wien, New York 2013

Möller, Michael L.: *Die Wahrheit beginnt zu zweit. Das Paar im Gespräch.* Rowohlt Taschenbuch Verlag, Reinbek bei Hamburg, Berlin 2010

Mourlane, Denis: *Resilienz. Die unentdeckte Fähigkeit der wirklich Erfolg- reichen.* Business Village Göttingen 2013

Münchhausen, Marco von: *Die sieben Lügenmärchen von der Arbeit und was Sie im Job wirklich erfolgreich macht.* Campus, Frankfurt am Main 2010

Münchhausen, Marco von: *Konzentration. Wie wir lernen, wieder ganz bei der Sache zu sein.* GABAL, Offenbach, 2. Auflage 2016

Münchhausen, Marco von: *So zähmen Sie Ihren inneren Schweinehund. Vom ärgsten Feind zum besten Freund.* Campus, Frankfurt am Main, 6. Auflage 2005

Münchhausen, Marco von: *Wo die Seele auftankt. Die besten Möglich- keiten, Ihre Ressourcen zu aktivieren.* Campus, Frankfurt am Main 2004

Nelting, Manfred: *Burn-out. Wenn die Maske zerbricht: Wie man Über- lastung erkennt und neue Wege geht.* Goldmann, München 2014

Peseschkian, Nossrat; Peseschkian, Nawid: *Lebensfreude statt Stress: Persönliche Stressfaktoren erkennen und hinter sich lassen.* Trias-Verlag, Stuttgart, 2. Auflage 2009

Prieß, Miriam: *Burnout kommt nicht nur von Stress. Warum wir wirklich ausbrennen – und wie wir zu uns selbst zurückfinden.* Südwest-Verlag, München 2013

Richter, Michael: *Stress. Stress bewältigen und Burnout vorbeugen für mehr Gelassenheit und Entspannung im Alltag.* Create Space Independent Publishing Platform 2016

Sam, Anna: *Die Leiden einer jungen Kassiererin.* Riemann Verlag, München 2009

Seiwert, Lothar J.: *30 Minuten Work-Life-Balance.* GABAL, Offenbach, 19. Auflage 2011

Siegrist, Ulrich; Luitjens, Martin: *30 Minuten Resilienz.* GABAL, Offen- bach 2011

Vašek, Thomas: *Work-Life-Bullshit: Warum die Trennung von Arbeit und Leben in die Irre führt.* Goldmann, München 2015

Stichwortverzeichnis

Adrenalin und Stress 92
Anerkennung 42
Annehmen, was ist 120
Anspruchsdenken 36
Anti-Ärger-Strategie 98
Anti-Stress-Strategien 94, 98
Arbeitsdruck 11
Arbeitsfrust 29
Arbeitslust 29
Ärgerfalle 99
Ärgermechanismus 99
Aufgabenplanung 195
Aufmerksamkeit 182
Aufräumen und Ordnung schaffen
    als Stabilisator 186
Ausdauertraining 153
Ausgleichsatmen 141
Ausnahmefalle 204
Auszeit 10
Autogenes Training 140

Balance-Modell 12
Beruf 13
Berufliche Faktoren 25
Beruf oder Berufung 25
Bewegung 149
Bewegungstraining 154
Bewegung und Sport 75
Beziehungen 132
Beziehungsbalance 47
Beziehungsfördernde Strategien 48
Beziehungsnetz 62

Beziehung zu Bekannten 61
Beziehung zu den Kindern 55
Beziehung zu Eltern und
    Verwandten 59
Beziehung zu Freunden 60
Beziehung zum Partner 51
Beziehung zu sich selbst und
    anderen 49
Bildung und Kultur 89
Bild von der Zukunft 82
Burn-out-Prävention 90

Dankbarkeit als Stabilisator 175

Energieinvestment 152
Engagement für andere 65
Engagement, soziales 63
Entschleunigung als Stabilisator
    177
Entschuldigen als Stabilisator 189
Entspannung 136
Entspannungsatmen 140
Entspannungsmethode 138
Erleben (Qualität und Intensität)
    180
Essenszeiten 75
Essen und Nahrung 69

Familie und soziale Kontakte 13
Fernsehpensum 88
Fitness 150
Flexibilität 7

Flowgefühl 31, 33, 37
Flüssigkeitszufuhr 70
Fortbildung, auslandsbezogen 40
Fortbildung, berufsergänzend 39
Fortbildung, fachspezifisch 38

Gesundheit und Fitness 13, 68
Gewöhnungseffekt 180
Gewöhnungsfalle 172

Humor im Alltag 168
Humorkompetenz 170

Karriereplanung 36
Klarheit schaffen 119
Kohlehydrate 72
Konzentration auf das Wesentliche
    134, 195
Konzentrationstipps 182
Konzentration und Achtsamkeit
    als Stabilisator 180
Krise als Chance sehen 121
Krisenfestigkeit 129
Krisenmanagement 117, 119, 131
Kultur und Persönlichkeits-
    entwicklung 85

Lachclub 169
Lachen und Humor als Stabilisator
    165
Lachprogramme 167
Leben im Augenblick 12
Lebensbalance 11, 14
Lebensbalance-Test 21
Lebensbereiche 11, 21, 24
Lebensbereiche, Vernachlässigung
    19
Lebenserfolg 13
Lebensgebäude 18
Lebensmittel 73
Lebensmittel, Zubereitung 74
Lebensphasen 16

Lebenssinn 18
Lebenssituation, individuelle 19
Lebensvision 81
Leistungsdenken 36
Lernbereitschaft 133
Lesen als Stabilisator 184
Loslassen, lernen, weitergehen 127
Loslassen üben 133

Meditation 143
Meditationsformen 144
Musik als Stabilisator 155 f.

Nahrung, vollwertige 71
Natur als Stabilisator 161
Networking 61

Optimismus 129

Pausen 35
Perspektivenwechsel als Stabili-
    sator 171
Planung 33, 193
Positives sehen 122
Prinzip Geben und Nehmen 62
Programmwechsel (Abstand
    gewinnen) 103
Progressive Muskelentspannung
    138
Puzzlestein-Mensch 8

Regenerationsphasen 34
Resiliente Menschen 107
Resilienz 106
Resilienzfaktoren 109
Resilienzfaktoren, persönliche 110
Resilienzfaktoren, umweltbedingte
    111
Resilienzförderung 128

Schlaf 142
Schmerz und Trauer zulassen 125

Selbstvertrauen 130
Selbstvertrauen stärken 124
Sinn und Kultur 13, 78
Spaß an der Arbeit 30
Stabilisatoren für innere Stabilität 136
Stabilität, innere 7
Stärke, innere 13
Stärken 28, 130
Stehaufmännchenqualität 107
Stehaufmenschen 110
Stille 147, 164
Störungen, Umgang mit 20, 33, 183, 184
Stress 91
Stressmanagement 90
Stressorenanalyse 95
Stress verbrennen 96
Stress verdünnen 97
Stress verhindern 94

Tai-Chi und Qigong 139
Talente 28
Tempoverringerung 178

Überforderung 30
Umgebung wechseln 102
Umsetzung, Anfangsphase 203
Umsetzungstipps 193
Unterforderung 30
Unterstützung suchen 123

Vergleichsmechanismus 173
Verhaltensänderungen, dauerhafte 199
Verstimmungen klären 190
Verzeihen als Stabilisator 188
Vision 82, 85
Vorbilder suchen 132
Vorsorge, gesundheitliche 77
Werte 18
Wohlfühlhormone 32
Work-Life-Balance 13

Zeitinseln schaffen 197
Ziele setzen 126
Zufriedenheit 13
Zufriedenheit, innere 64

Der Autor

Dr. Marco Freiherr von Münchhausen ist Jurist, Trainer, Berater und Autor mehrerer Bestseller (unter anderem *Konzentration, Wo die Seele auftankt, So zähmen Sie Ihren inneren Schweinehund*).

In all seinen Büchern, Vorträgen und Seminaren beschäftigt er sich mit den wesentlichen Aspekten für ein erfolgreiches und erfülltes Leben und hat bereits mehr als einer halben Million Menschen zeigen können, wie sie ihre persönlichen Ressourcen bestmöglich nutzen.

www.vonmuenchhausen.de